A Visual Guide to Chords and Arpeggios for 7-String Guitar in BEADGBE

Benjamin M. Taylor

©Benjamin M. Taylor (2016)

Contents

Introduction 13
    The Aims of This Book 13
    How to Use This Book 13
    How Do I Read These Charts? 13
    How do I Choose Which Notes to Play? 14
    Author's Notes on this Edition 14
Root note: C 15
    C 5 15
    C 5♯11 15
    C 7 (no 3) 15
    C aug 15
    C dim 15
    C maj 15
    C maj7 (no 3) 15
    C min 15
    C sus2 16
    C sus4 16
    C 6 16
    C (6/9) (no 3) 16
    C 7 16
    C 7♭5 16
    C 7sus2 16
    C 7sus4 16
    C add9 17
    C aug7 17
    C dim7 17
    C maj7 17
    C min6 17
    C min7 17
    C min7♯5 17
    C min7♭5 17
    C min(maj7) 18
    C sus2/sus4 18
    C 6♯11 18
    C 6/9 18
    C 7(♯5/♯9) 18
    C 7(♯5/♭9) 18
    C 7♯9 18
    C 7(♭5/♯9) 18
    C 7(♭5/♭9) 19
    C 7♭9 19
    C 9 19
    C 9sus4 19
    C aug9 19
    C maj7♯11 19
    C maj7add11 19
    C maj7(sus2/♯11) 19
    C maj9 20
    C min6/9 20
    C min9 20
    C min9(maj7) 20
    C 13sus4 20
    C 9♯11 20
    C maj9♯11 20
    C min11 20
    C 13 21
    C 13♯11 21
    C 13♯9 21

- C 13♭9 21
- C maj13 21
- C maj13♯11 21
- C min13 21
- Root note: C♯/D♭ 21
  - C♯/D♭ 5 22
  - C♯/D♭ 5♯11 22
  - C♯/D♭ 7 (no 3) 22
  - C♯/D♭ aug 22
  - C♯/D♭ dim 22
  - C♯/D♭ maj 22
  - C♯/D♭ maj7 (no 3) 22
  - C♯/D♭ min 22
  - C♯/D♭ sus2 23
  - C♯/D♭ sus4 23
  - C♯/D♭ 6 23
  - C♯/D♭ (6/9) (no 3) 23
  - C♯/D♭ 7 23
  - C♯/D♭ 7♭5 23
  - C♯/D♭ 7sus2 23
  - C♯/D♭ 7sus4 23
  - C♯/D♭ add9 24
  - C♯/D♭ aug7 24
  - C♯/D♭ dim7 24
  - C♯/D♭ maj7 24
  - C♯/D♭ min6 24
  - C♯/D♭ min7 24
  - C♯/D♭ min7♯5 24
  - C♯/D♭ min7♭5 24
  - C♯/D♭ min(maj7) 25
  - C♯/D♭ sus2/sus4 25
  - C♯/D♭ 6♯11 25
  - C♯/D♭ 6/9 25
  - C♯/D♭ 7(♯5/♯9) 25
  - C♯/D♭ 7(♯5/♭9) 25
  - C♯/D♭ 7♯9 25
  - C♯/D♭ 7(♭5/♯9) 25
  - C♯/D♭ 7(♭5/♭9) 26
  - C♯/D♭ 7♭9 26
  - C♯/D♭ 9 26
  - C♯/D♭ 9sus4 26
  - C♯/D♭ aug9 26
  - C♯/D♭ maj7♯11 26
  - C♯/D♭ maj7add11 26
  - C♯/D♭ maj7(sus2/♯11) 26
  - C♯/D♭ maj9 27
  - C♯/D♭ min6/9 27
  - C♯/D♭ min9 27
  - C♯/D♭ min9(maj7) 27
  - C♯/D♭ 13sus4 27
  - C♯/D♭ 9♯11 27
  - C♯/D♭ maj9♯11 27
  - C♯/D♭ min11 27
  - C♯/D♭ 13 28
  - C♯/D♭ 13♯11 28
  - C♯/D♭ 13♯9 28
  - C♯/D♭ 13♭9 28
  - C♯/D♭ maj13 28
  - C♯/D♭ maj13♯11 28
  - C♯/D♭ min13 28
- Root note: D 28
  - D 5 29
  - D 5♯11 29
  - D 7 (no 3) 29
  - D aug 29
  - D dim 29
  - D maj 29
  - D maj7 (no 3) 29
  - D min 29
  - D sus2 30
  - D sus4 30
  - D 6 30

D (6/9) (no 3)	30
D 7	30
D 7♭5	30
D 7sus2	30
D 7sus4	30
D add9	31
D aug7	31
D dim7	31
D maj7	31
D min6	31
D min7	31
D min7♯5	31
D min7♭5	31
D min(maj7)	32
D sus2/sus4	32
D 6♯11	32
D 6/9	32
D 7(♯5/♯9)	32
D 7(♯5/♭9)	32
D 7♯9	32
D 7(♭5/♯9)	32
D 7(♭5/♭9)	33
D 7♭9	33
D 9	33
D 9sus4	33
D aug9	33
D maj7♯11	33
D maj7add11	33
D maj7(sus2/♯11)	33
D maj9	34
D min6/9	34
D min9	34
D min9(maj7)	34
D 13sus4	34
D 9♯11	34
D maj9♯11	34
D min11	34
D 13	35
D 13♯11	35
D 13♯9	35
D 13♭9	35
D maj13	35
D maj13♯11	35
D min13	35
Root note: D♯/E♭	35
D♯/E♭ 5	36
D♯/E♭ 5♯11	36
D♯/E♭ 7 (no 3)	36
D♯/E♭ aug	36
D♯/E♭ dim	36
D♯/E♭ maj	36
D♯/E♭ maj7 (no 3)	36
D♯/E♭ min	36
D♯/E♭ sus2	37
D♯/E♭ sus4	37
D♯/E♭ 6	37
D♯/E♭ (6/9) (no 3)	37
D♯/E♭ 7	37
D♯/E♭ 7♭5	37
D♯/E♭ 7sus2	37
D♯/E♭ 7sus4	37
D♯/E♭ add9	38
D♯/E♭ aug7	38
D♯/E♭ dim7	38
D♯/E♭ maj7	38
D♯/E♭ min6	38
D♯/E♭ min7	38
D♯/E♭ min7♯5	38
D♯/E♭ min7♭5	38
D♯/E♭ min(maj7)	39
D♯/E♭ sus2/sus4	39
D♯/E♭ 6♯11	39

- D♯/E♭ 6/9 39
- D♯/E♭ 7(♯5/♯9) 39
- D♯/E♭ 7(♯5/♭9) 39
- D♯/E♭ 7♯9 39
- D♯/E♭ 7(♭5/♯9) 39
- D♯/E♭ 7(♭5/♭9) 40
- D♯/E♭ 7♭9 40
- D♯/E♭ 9 40
- D♯/E♭ 9sus4 40
- D♯/E♭ aug9 40
- D♯/E♭ maj7♯11 40
- D♯/E♭ maj7add11 40
- D♯/E♭ maj7(sus2/♯11) 40
- D♯/E♭ maj9 41
- D♯/E♭ min6/9 41
- D♯/E♭ min9 41
- D♯/E♭ min9(maj7) 41
- D♯/E♭ 13sus4 41
- D♯/E♭ 9♯11 41
- D♯/E♭ maj9♯11 41
- D♯/E♭ min11 41
- D♯/E♭ 13 42
- D♯/E♭ 13♯11 42
- D♯/E♭ 13♯9 42
- D♯/E♭ 13♭9 42
- D♯/E♭ maj13 42
- D♯/E♭ maj13♯11 42
- D♯/E♭ min13 42
- Root note: E 42
  - E 5 43
  - E 5♯11 43
  - E 7 (no 3) 43
  - E aug 43
  - E dim 43
  - E maj 43
  - E maj7 (no 3) 43
  - E min 43
  - E sus2 44
  - E sus4 44
  - E 6 44
  - E (6/9) (no 3) 44
  - E 7 44
  - E 7♭5 44
  - E 7sus2 44
  - E 7sus4 44
  - E add9 45
  - E aug7 45
  - E dim7 45
  - E maj7 45
  - E min6 45
  - E min7 45
  - E min7♯5 45
  - E min7♭5 45
  - E min(maj7) 46
  - E sus2/sus4 46
  - E 6♯11 46
  - E 6/9 46
  - E 7(♯5/♯9) 46
  - E 7(♯5/♭9) 46
  - E 7♯9 46
  - E 7(♭5/♯9) 46
  - E 7(♭5/♭9) 47
  - E 7♭9 47
  - E 9 47
  - E 9sus4 47
  - E aug9 47
  - E maj7♯11 47
  - E maj7add11 47
  - E maj7(sus2/♯11) 47
  - E maj9 48
  - E min6/9 48
  - E min9 48

- E min9(maj7) 48
- E 13sus4 48
- E 9♯11 48
- E maj9♯11 48
- E min11 48
- E 13 49
- E 13♯11 49
- E 13♯9 49
- E 13♭9 49
- E maj13 49
- E maj13♯11 49
- E min13 49

Root note: F 49
- F 5 50
- F 5♯11 50
- F 7 (no 3) 50
- F aug 50
- F dim 50
- F maj 50
- F maj7 (no 3) 50
- F min 50
- F sus2 51
- F sus4 51
- F 6 51
- F (6/9) (no 3) 51
- F 7 51
- F 7♭5 51
- F 7sus2 51
- F 7sus4 51
- F add9 52
- F aug7 52
- F dim7 52
- F maj7 52
- F min6 52
- F min7 52
- F min7♯5 52
- F min7♭5 52
- F min(maj7) 53
- F sus2/sus4 53
- F 6♯11 53
- F 6/9 53
- F 7(♯5/♯9) 53
- F 7(♯5/♭9) 53
- F 7♯9 53
- F 7(♭5/♯9) 53
- F 7(♭5/♭9) 54
- F 7♭9 54
- F 9 54
- F 9sus4 54
- F aug9 54
- F maj7♯11 54
- F maj7add11 54
- F maj7(sus2/♯11) 54
- F maj9 55
- F min6/9 55
- F min9 55
- F min9(maj7) 55
- F 13sus4 55
- F 9♯11 55
- F maj9♯11 55
- F min11 55
- F 13 56
- F 13♯11 56
- F 13♯9 56
- F 13♭9 56
- F maj13 56
- F maj13♯11 56
- F min13 56

Root note: F♯/G♭ 56
- F♯/G♭ 5 57
- F♯/G♭ 5♯11 57
- F♯/G♭ 7 (no 3) 57

- F♯/G♭ aug 57
- F♯/G♭ dim 57
- F♯/G♭ maj 57
- F♯/G♭ maj7 (no 3) 57
- F♯/G♭ min 57
- F♯/G♭ sus2 58
- F♯/G♭ sus4 58
- F♯/G♭ 6 58
- F♯/G♭ (6/9) (no 3) 58
- F♯/G♭ 7 58
- F♯/G♭ 7♭5 58
- F♯/G♭ 7sus2 58
- F♯/G♭ 7sus4 58
- F♯/G♭ add9 59
- F♯/G♭ aug7 59
- F♯/G♭ dim7 59
- F♯/G♭ maj7 59
- F♯/G♭ min6 59
- F♯/G♭ min7 59
- F♯/G♭ min7♯5 59
- F♯/G♭ min7♭5 59
- F♯/G♭ min(maj7) 60
- F♯/G♭ sus2/sus4 60
- F♯/G♭ 6♯11 60
- F♯/G♭ 6/9 60
- F♯/G♭ 7(♯5/♯9) 60
- F♯/G♭ 7(♯5/♭9) 60
- F♯/G♭ 7♯9 60
- F♯/G♭ 7(♭5/♯9) 60
- F♯/G♭ 7(♭5/♭9) 61
- F♯/G♭ 7♭9 61
- F♯/G♭ 9 61
- F♯/G♭ 9sus4 61
- F♯/G♭ aug9 61
- F♯/G♭ maj7♯11 61
- F♯/G♭ maj7add11 61
- F♯/G♭ maj7(sus2/♯11) 61
- F♯/G♭ maj9 62
- F♯/G♭ min6/9 62
- F♯/G♭ min9 62
- F♯/G♭ min9(maj7) 62
- F♯/G♭ 13sus4 62
- F♯/G♭ 9♯11 62
- F♯/G♭ maj9♯11 62
- F♯/G♭ min11 62
- F♯/G♭ 13 63
- F♯/G♭ 13♯11 63
- F♯/G♭ 13♯9 63
- F♯/G♭ 13♭9 63
- F♯/G♭ maj13 63
- F♯/G♭ maj13♯11 63
- F♯/G♭ min13 63

Root note: G 63
- G 5 64
- G 5♯11 64
- G 7 (no 3) 64
- G aug 64
- G dim 64
- G maj 64
- G maj7 (no 3) 64
- G min 64
- G sus2 65
- G sus4 65
- G 6 65
- G (6/9) (no 3) 65
- G 7 65
- G 7♭5 65
- G 7sus2 65
- G 7sus4 65
- G add9 66
- G aug7 66
- G dim7 66

G maj7	66
G min6	66
G min7	66
G min7♯5	66
G min7♭5	66
G min(maj7)	67
G sus2/sus4	67
G 6♯11	67
G 6/9	67
G 7(♯5/♯9)	67
G 7(♯5/♭9)	67
G 7♯9	67
G 7(♭5/♯9)	67
G 7(♭5/♭9)	68
G 7♭9	68
G 9	68
G 9sus4	68
G aug9	68
G maj7♯11	68
G maj7add11	68
G maj7(sus2/♯11)	68
G maj9	69
G min6/9	69
G min9	69
G min9(maj7)	69
G 13sus4	69
G 9♯11	69
G maj9♯11	69
G min11	69
G 13	70
G 13♯11	70
G 13♯9	70
G 13♭9	70
G maj13	70
G maj13♯11	70
G min13	70
Root note: G♯/A♭	70
G♯/A♭ 5	71
G♯/A♭ 5♯11	71
G♯/A♭ 7 (no 3)	71
G♯/A♭ aug	71
G♯/A♭ dim	71
G♯/A♭ maj	71
G♯/A♭ maj7 (no 3)	71
G♯/A♭ min	71
G♯/A♭ sus2	72
G♯/A♭ sus4	72
G♯/A♭ 6	72
G♯/A♭ (6/9) (no 3)	72
G♯/A♭ 7	72
G♯/A♭ 7♭5	72
G♯/A♭ 7sus2	72
G♯/A♭ 7sus4	72
G♯/A♭ add9	73
G♯/A♭ aug7	73
G♯/A♭ dim7	73
G♯/A♭ maj7	73
G♯/A♭ min6	73
G♯/A♭ min7	73
G♯/A♭ min7♯5	73
G♯/A♭ min7♭5	73
G♯/A♭ min(maj7)	74
G♯/A♭ sus2/sus4	74
G♯/A♭ 6♯11	74
G♯/A♭ 6/9	74
G♯/A♭ 7(♯5/♯9)	74
G♯/A♭ 7(♯5/♭9)	74
G♯/A♭ 7♯9	74
G♯/A♭ 7(♭5/♯9)	74
G♯/A♭ 7(♭5/♭9)	75
G♯/A♭ 7♭9	75
G♯/A♭ 9	75

G♯/A♭ 9sus4	75
G♯/A♭ aug9	75
G♯/A♭ maj7♯11	75
G♯/A♭ maj7add11	75
G♯/A♭ maj7(sus2/♯11)	75
G♯/A♭ maj9	76
G♯/A♭ min6/9	76
G♯/A♭ min9	76
G♯/A♭ min9(maj7)	76
G♯/A♭ 13sus4	76
G♯/A♭ 9♯11	76
G♯/A♭ maj9♯11	76
G♯/A♭ min11	76
G♯/A♭ 13	77
G♯/A♭ 13♯11	77
G♯/A♭ 13♯9	77
G♯/A♭ 13♭9	77
G♯/A♭ maj13	77
G♯/A♭ maj13♯11	77
G♯/A♭ min13	77

Root note: A . . . 77

A 5	78
A 5♯11	78
A 7 (no 3)	78
A aug	78
A dim	78
A maj	78
A maj7 (no 3)	78
A min	78
A sus2	79
A sus4	79
A 6	79
A (6/9) (no 3)	79
A 7	79
A 7♭5	79
A 7sus2	79
A 7sus4	79
A add9	80
A aug7	80
A dim7	80
A maj7	80
A min6	80
A min7	80
A min7♯5	80
A min7♭5	80
A min(maj7)	81
A sus2/sus4	81
A 6♯11	81
A 6/9	81
A 7(♯5/♯9)	81
A 7(♯5/♭9)	81
A 7♯9	81
A 7(♭5/♯9)	81
A 7(♭5/♭9)	82
A 7♭9	82
A 9	82
A 9sus4	82
A aug9	82
A maj7♯11	82
A maj7add11	82
A maj7(sus2/♯11)	82
A maj9	83
A min6/9	83
A min9	83
A min9(maj7)	83
A 13sus4	83
A 9♯11	83
A maj9♯11	83
A min11	83
A 13	84
A 13♯11	84
A 13♯9	84

- A 13♭9 . . . 84
- A maj13 . . . 84
- A maj13♯11 . . . 84
- A min13 . . . 84
- Root note: A♯/B♭ . . . 84
  - A♯/B♭ 5 . . . 85
  - A♯/B♭ 5♯11 . . . 85
  - A♯/B♭ 7 (no 3) . . . 85
  - A♯/B♭ aug . . . 85
  - A♯/B♭ dim . . . 85
  - A♯/B♭ maj . . . 85
  - A♯/B♭ maj7 (no 3) . . . 85
  - A♯/B♭ min . . . 85
  - A♯/B♭ sus2 . . . 86
  - A♯/B♭ sus4 . . . 86
  - A♯/B♭ 6 . . . 86
  - A♯/B♭ (6/9) (no 3) . . . 86
  - A♯/B♭ 7 . . . 86
  - A♯/B♭ 7♭5 . . . 86
  - A♯/B♭ 7sus2 . . . 86
  - A♯/B♭ 7sus4 . . . 86
  - A♯/B♭ add9 . . . 87
  - A♯/B♭ aug7 . . . 87
  - A♯/B♭ dim7 . . . 87
  - A♯/B♭ maj7 . . . 87
  - A♯/B♭ min6 . . . 87
  - A♯/B♭ min7 . . . 87
  - A♯/B♭ min7♯5 . . . 87
  - A♯/B♭ min7♭5 . . . 87
  - A♯/B♭ min(maj7) . . . 88
  - A♯/B♭ sus2/sus4 . . . 88
  - A♯/B♭ 6♯11 . . . 88
  - A♯/B♭ 6/9 . . . 88
  - A♯/B♭ 7(♯5/♯9) . . . 88
  - A♯/B♭ 7(♯5/♭9) . . . 88
  - A♯/B♭ 7♯9 . . . 88
  - A♯/B♭ 7(♭5/♯9) . . . 88
  - A♯/B♭ 7(♭5/♭9) . . . 89
  - A♯/B♭ 7♭9 . . . 89
  - A♯/B♭ 9 . . . 89
  - A♯/B♭ 9sus4 . . . 89
  - A♯/B♭ aug9 . . . 89
  - A♯/B♭ maj7♯11 . . . 89
  - A♯/B♭ maj7add11 . . . 89
  - A♯/B♭ maj7(sus2/♯11) . . . 89
  - A♯/B♭ maj9 . . . 90
  - A♯/B♭ min6/9 . . . 90
  - A♯/B♭ min9 . . . 90
  - A♯/B♭ min9(maj7) . . . 90
  - A♯/B♭ 13sus4 . . . 90
  - A♯/B♭ 9♯11 . . . 90
  - A♯/B♭ maj9♯11 . . . 90
  - A♯/B♭ min11 . . . 90
  - A♯/B♭ 13 . . . 91
  - A♯/B♭ 13♯11 . . . 91
  - A♯/B♭ 13♯9 . . . 91
  - A♯/B♭ 13♭9 . . . 91
  - A♯/B♭ maj13 . . . 91
  - A♯/B♭ maj13♯11 . . . 91
  - A♯/B♭ min13 . . . 91
- Root note: B . . . 91
  - B 5 . . . 92
  - B 5♯11 . . . 92
  - B 7 (no 3) . . . 92
  - B aug . . . 92
  - B dim . . . 92
  - B maj . . . 92
  - B maj7 (no 3) . . . 92
  - B min . . . 92
  - B sus2 . . . 93
  - B sus4 . . . 93
  - B 6 . . . 93

B (6/9) (no 3)	93
B 7	93
B 7♭5	93
B 7sus2	93
B 7sus4	93
B add9	94
B aug7	94
B dim7	94
B maj7	94
B min6	94
B min7	94
B min7♯5	94
B min7♭5	94
B min(maj7)	95
B sus2/sus4	95
B 6♯11	95
B 6/9	95
B 7(♯5/♯9)	95
B 7(♯5/♭9)	95
B 7♯9	95
B 7(♭5/♯9)	95
B 7(♭5/♭9)	96
B 7♭9	96
B 9	96
B 9sus4	96
B aug9	96
B maj7♯11	96
B maj7add11	96
B maj7(sus2/♯11)	96
B maj9	97
B min6/9	97
B min9	97
B min9(maj7)	97
B 13sus4	97
B 9♯11	97
B maj9♯11	97
B min11	97
B 13	98
B 13♯11	98
B 13♯9	98
B 13♭9	98
B maj13	98
B maj13♯11	98
B min13	98

The Aims of This Book

"Music creates order out of chaos: for rhythm imposes unanimity upon the divergent, melody imposes continuity upon the disjointed, and harmony imposes compatibility upon the incongruous." *Yehudi Menuhin.*

A carefully planned harmony (i.e. sequence of chords) can indeed profoundly affect the way a melody line is interpreted: my favourite example is 'The Swan' by Saint Saens. By presenting you with full fingerboard diagrams for each chord/arpeggio, the aims of this book are (i) to help you to construct original-sounding chordal accompaniment by considering non-standard fingerings and (ii) to help you visualise the pattern of notes in each arpeggio. The idea is for you to learn to recognise all the possible ways you could play a chord or an arpeggio in any key. Full fingerboard diagrams are advantageous because they allow you to pick out quirky fingerings: unusual ways of executing a chord that can make your music sound unique (for example the use of open strings).

How to Use This Book

Figure 1 below shows two example chords from this book: on the left are the notes of a C major chord and on the right are the notes of a C13sus4 chord; there are three different tones in the former (C E G) and six in the latter (C F G B D (F) A).

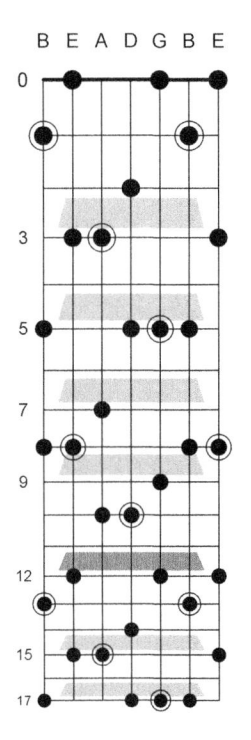

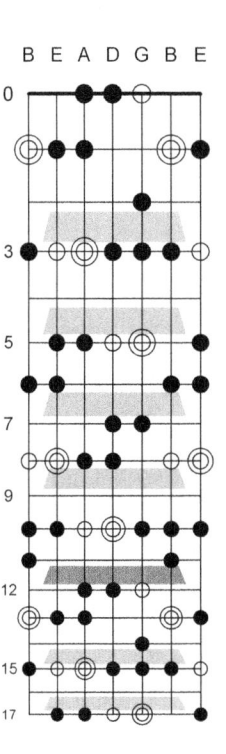

Figure 1: Left: positions the the notes in the C major chord. Right: positions of the notes in the C13sus4 chord.

How Do I Read These Charts?

On the **left hand side of the diagrams**, you will see numbers from 0 (the nut) to 17: these represent the number of semitones above the nut each horizontal line corresponds to. On a fretted instrument, the **horizontal lines** would correspond to frets, but if you have bought this book for use with an instrument without frets or fret markings, then you need to use your mind's eye to visualise these positions (doing so is an excellent mental exercise). The diagrams are scaled so that the location of the horizontal lines is in proportion to where they would appear on a real instrument, this will help you see visually and thus anticipate physically the contraction in finger spacing required in moving the scale further up the neck of the instrument. The large **solid dots** in the main diagrams show the locations of the notes of the chord in question. **Ringed dots** (around either a solid, or hollow dot) show the location of the root notes of the scale. **Hollow dots** are 'optional notes', see below for a further explanation.

With each fingerboard diagram are provided the notes in score notation and the defining degrees of the chord with respect to a major scale with the same root note (i.e. 'R' '2' '3' '4' '5' '6' '7'), together with their modifications (i.e. ♭ or ♯). For example, a C major chord[1] would be denoted R 3 5 and the C minor chord as R ♭3 5. The letter 'R' stands for root, '3' (=E for the C major) is the third tone in a major scale (the Ionian mode) starting on the root note (=C in this case) and '5' (=G here) is the 5th tone. Those familiar with chordal theory will know that is is the '3' versus '♭3' that give the major and minor chords their distinctive happy and sad sounds respectively.

How do I Choose Which Notes to Play?

It depends what you are trying to achieve. If you are playing arpeggios, then you would normally play all notes in the chord in succession. If you are using the guitar to accompany other musicians, then other parts of the chord may be contributed by other instruments, so you don't necessarily need to play those tones. It is not necessarily the case that you will have enough fingers (or conveniently tuned strings) to be able to play all notes of a full chord in any case, particularly the more complex jazz chords.

If your chord sheet indicates a C major for the next bar, then you could look at the diagram for the C major chord and pick out ANY reachable set of notes: playing these notes will sound 'good' over the C major chord (success). Even if you do not include all the different tones indicated in the chord, it will still sound good, but then you have likely played a chord of a different name; in my opinion, this does not matter. Sometimes you do not have enough spare fingers and/or strings to execute a particular chord e.g. the six notes of the C13sus4 chord. In this book, I have adopted the following convention: that 9ths (9 ♭9 or ♯9) can replace the root, and that the 5th can be replaced by a ♭5 (=♯ 11), a ♯5, or a 13th. In the diagrams, I have indicated optional notes as hollow dots, a **ringed hollow dot** is an optional note that also happens to be a root note.

If you have played all the notes of the chord, but out of order, then you may have played an inversion of some kind. For example, a major chord (R 3 5) can be played as 3 5 R (1st inversion) or 5 R 3 (2nd inversion). If the lowest note is not the root and your chosen fingering gives emphasis to it, then you have what is known as a slash chord. The lowest note need not necessarily be a part of the chord.

The slash chord C/E is obtained by playing the notes of a C major chord, but giving emphasis to an E in the bass. In fact often the note on the right of the slash is delivered *by* the bass, but I'm sure there will be plenty of occasions when you may wish to deliver that note yourself. The notes of C/E are therefore E (lowest tone, and with emphasis) and C, E and G (or a convenient inversion). I have chosen not to include slash chords explicitly in this book, though you could construct one by adding a bass note of the appropriate type. Slash chords give the feeling of a need for resolution and can be used to great effect.

Author's Notes on this Edition

To avoid over-cluttering the diagrams, I have not included the names of the notes (or scale degrees) on the fingerboard diagrams. I have, however, included for each scale the notes in score notation. In all cases, I have elected to use sharps to indicate accidentals. The reason for this is that these scales could appear in any key and technically, the precise choice of accidentals as a combination of sharps and/or flats would be determined by the key of the piece at the point the notes appeared in the music. To present all possible enharmonic equivalents would not be an efficient use of space.

In the score, I have not made a distinction between 9ths and 2nds, nor between 11ths and 4ths nor 13ths and 6ths. Thus for example, I have notated in score the Cadd9 chord, defined by the scale degrees R 3 5 9 (or C E G D in notes), as R 2 3 5 (C D E G, in notes).

I welcome **constructive** feedback on my book. Please feel free to contact me with comments by email using the address benjamin.cello.mad.taylor@googlemail.com. In particular, if you would like a scales or arpeggios book for a stringed instrument in an unusual tuning, please don't hesitate to let me know.

---

[1] or indeed any other major chord

C 5
R 5

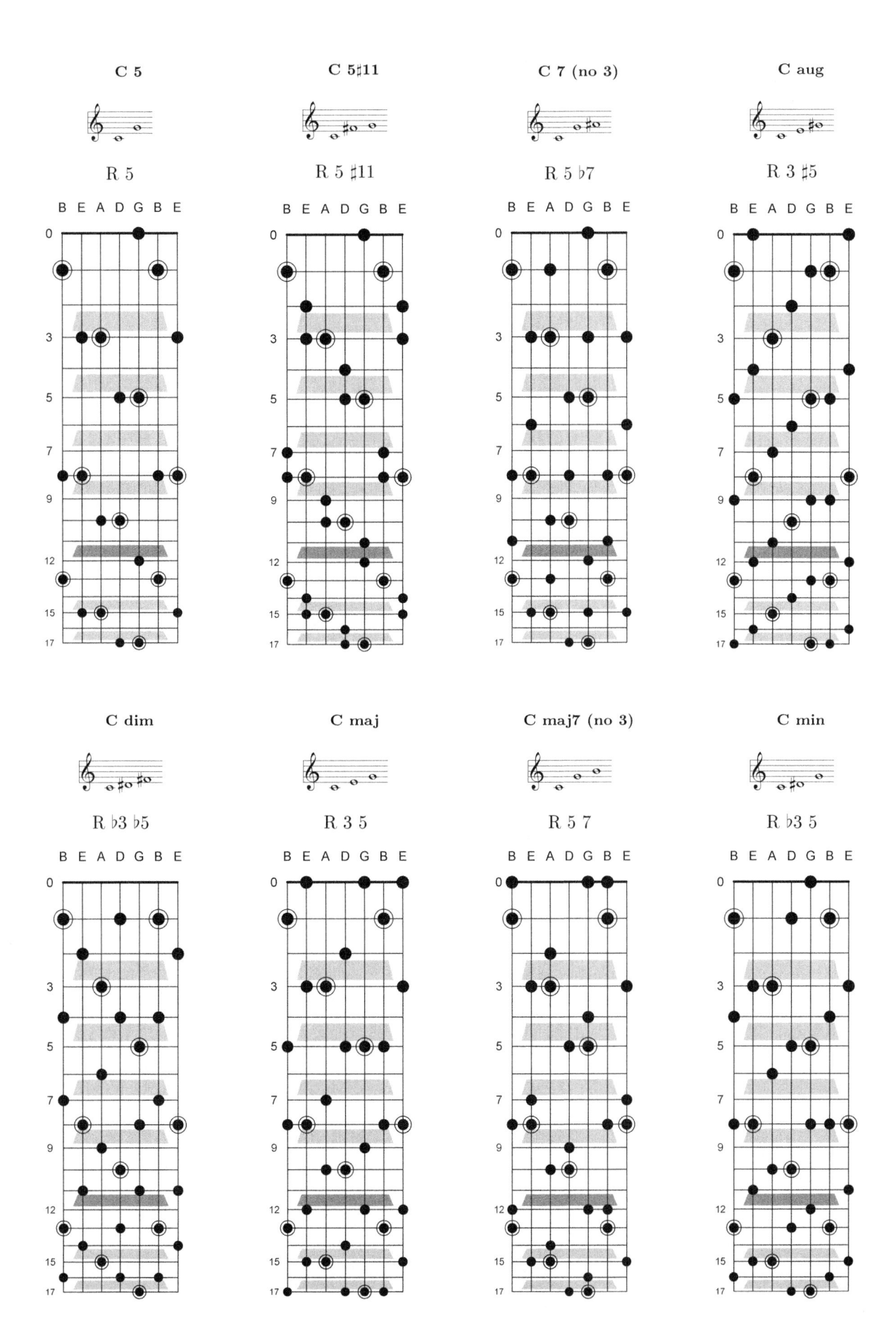

C 5♯11
R 5 ♯11

C 7 (no 3)
R 5 ♭7

C aug
R 3 ♯5

C dim
R ♭3 ♭5

C maj
R 3 5

C maj7 (no 3)
R 5 7

C min
R ♭3 5

C sus2
R 2 5

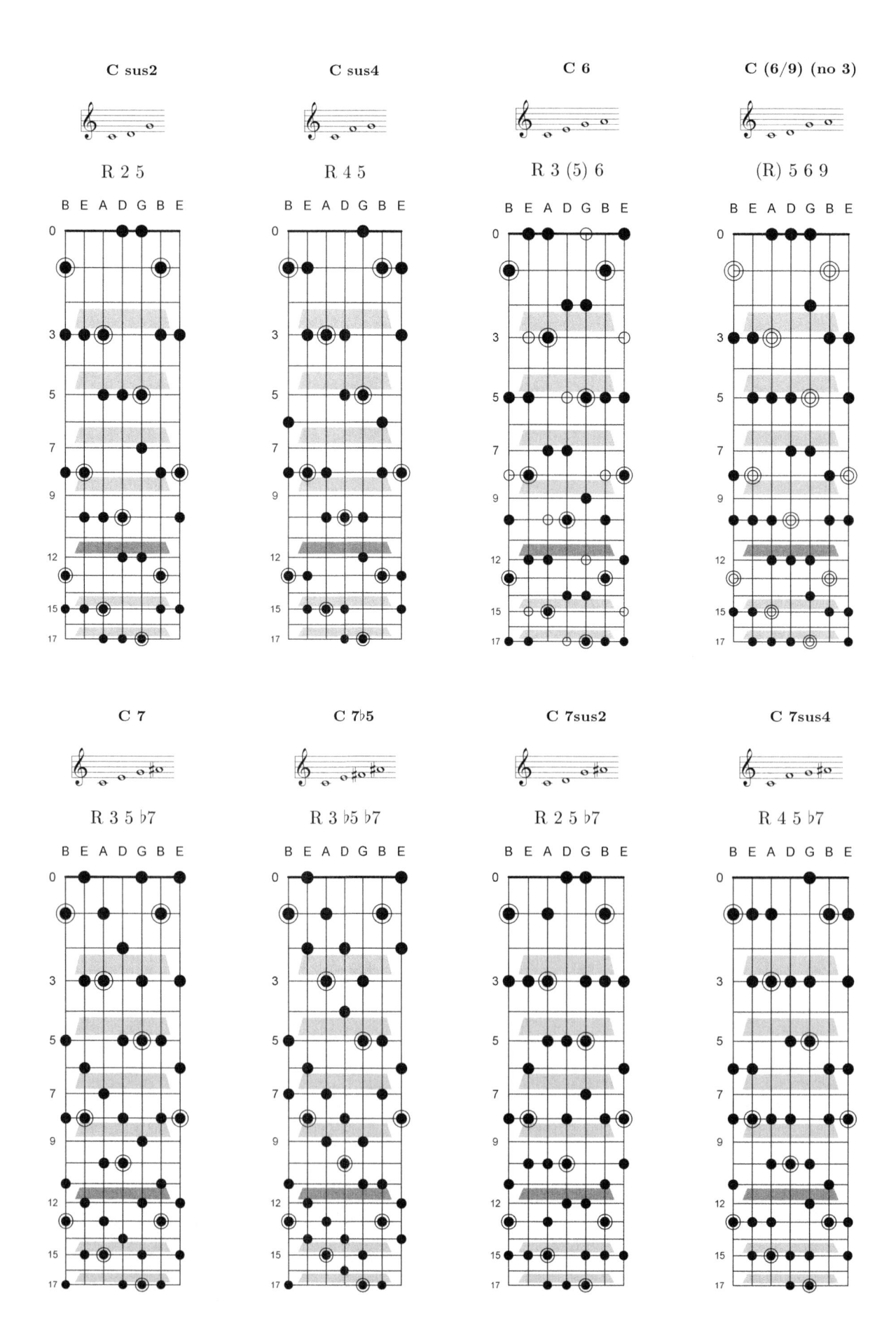

C sus4
R 4 5

C 6
R 3 (5) 6

C (6/9) (no 3)
(R) 5 6 9

C 7
R 3 5 ♭7

C 7♭5
R 3 ♭5 ♭7

C 7sus2
R 2 5 ♭7

C 7sus4
R 4 5 ♭7

C add9	C aug7	C dim7	C maj7
(R) 3 5 9	R 3 ♯5 ♭7	R ♭3 ♭5 ♭♭7	R 3 5 7

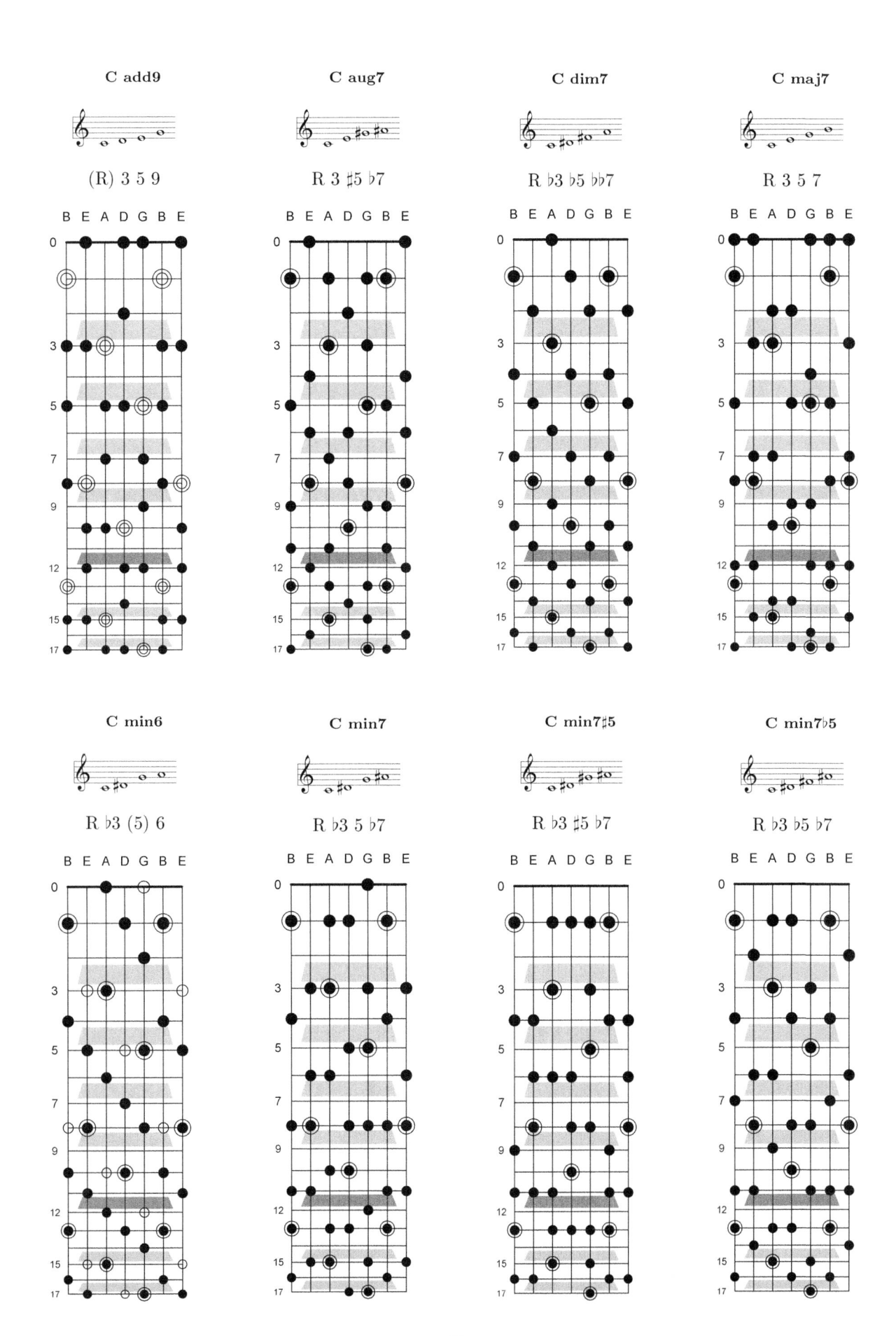

C min6	C min7	C min7♯5	C min7♭5
R ♭3 (5) 6	R ♭3 5 ♭7	R ♭3 ♯5 ♭7	R ♭3 ♭5 ♭7

C min(maj7)
R ♭3 5 7

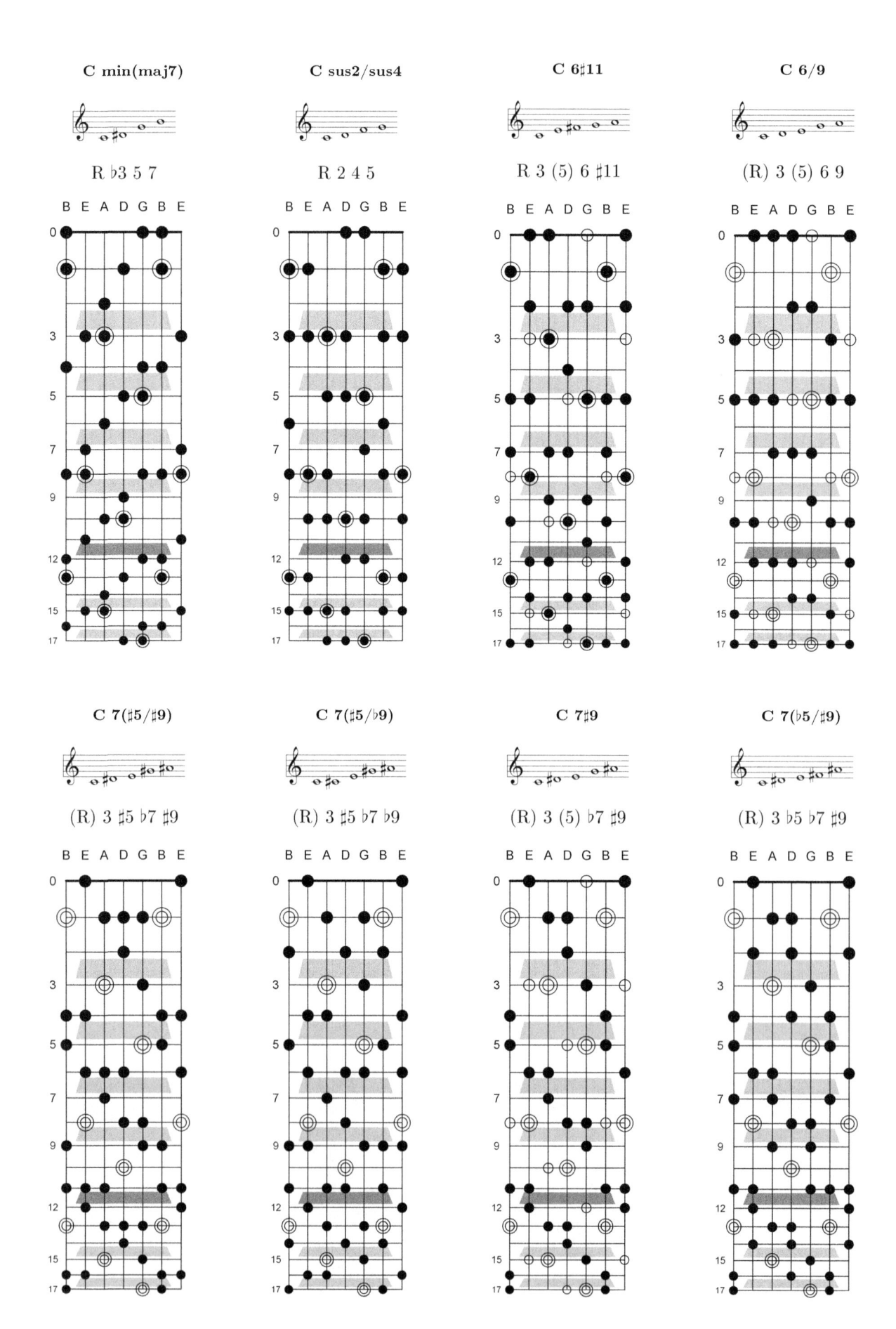

C sus2/sus4
R 2 4 5

C 6♯11
R 3 (5) 6 ♯11

C 6/9
(R) 3 (5) 6 9

C 7(♯5/♯9)
(R) 3 ♯5 ♭7 ♯9

C 7(♯5/♭9)
(R) 3 ♯5 ♭7 ♭9

C 7♯9
(R) 3 (5) ♭7 ♯9

C 7(♭5/♯9)
(R) 3 ♭5 ♭7 ♯9

C 7(♭5/♭9)	C 7♭9	C 9	C 9sus4
(R) 3 ♭5 ♭7 ♭9	(R) 3 (5) ♭7 ♭9	(R) 3 (5) ♭7 9	(R) 4 5 ♭7 9

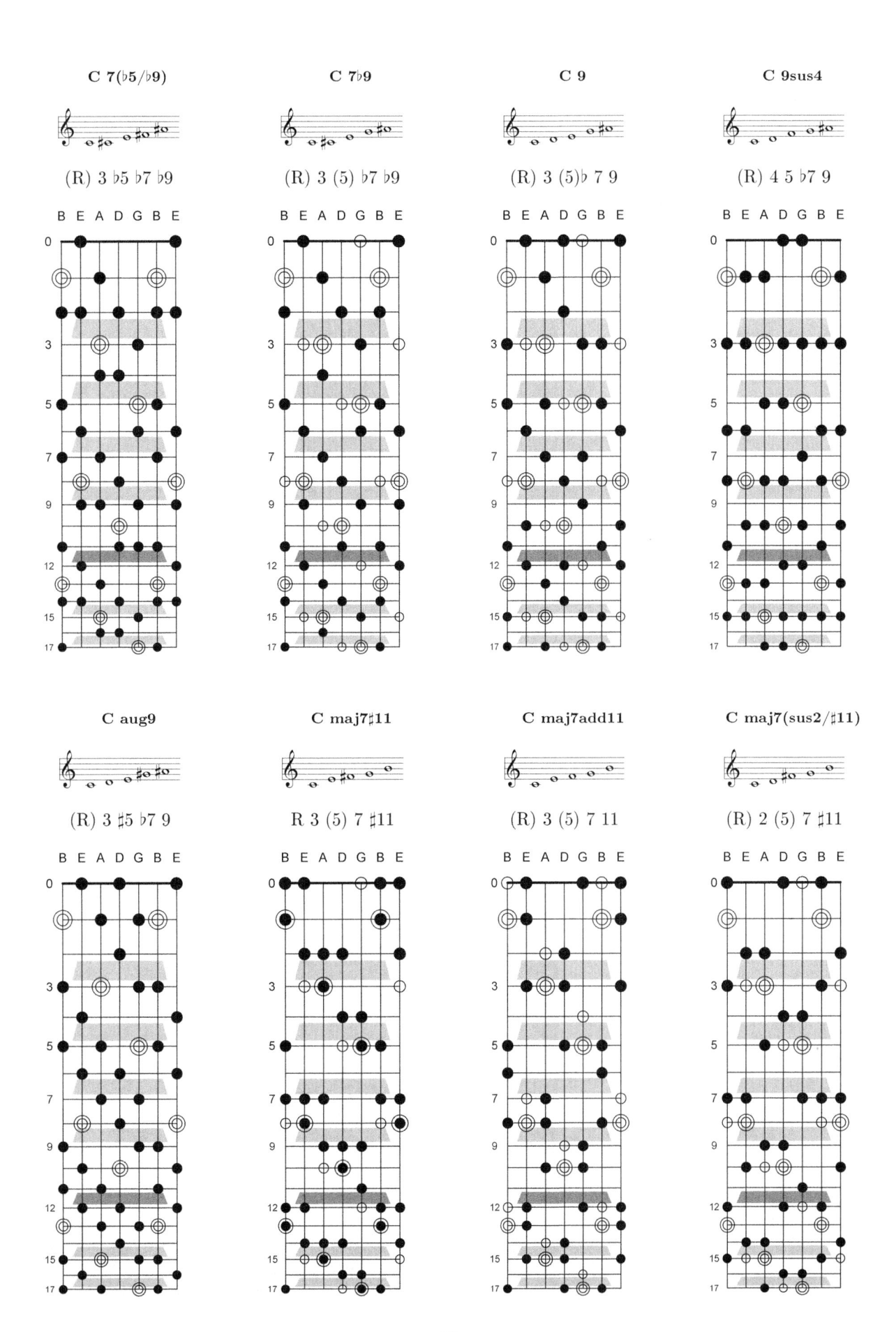

C aug9	C maj7♯11	C maj7add11	C maj7(sus2/♯11)
(R) 3 ♯5 ♭7 9	R 3 (5) 7 ♯11	(R) 3 (5) 7 11	(R) 2 (5) 7 ♯11

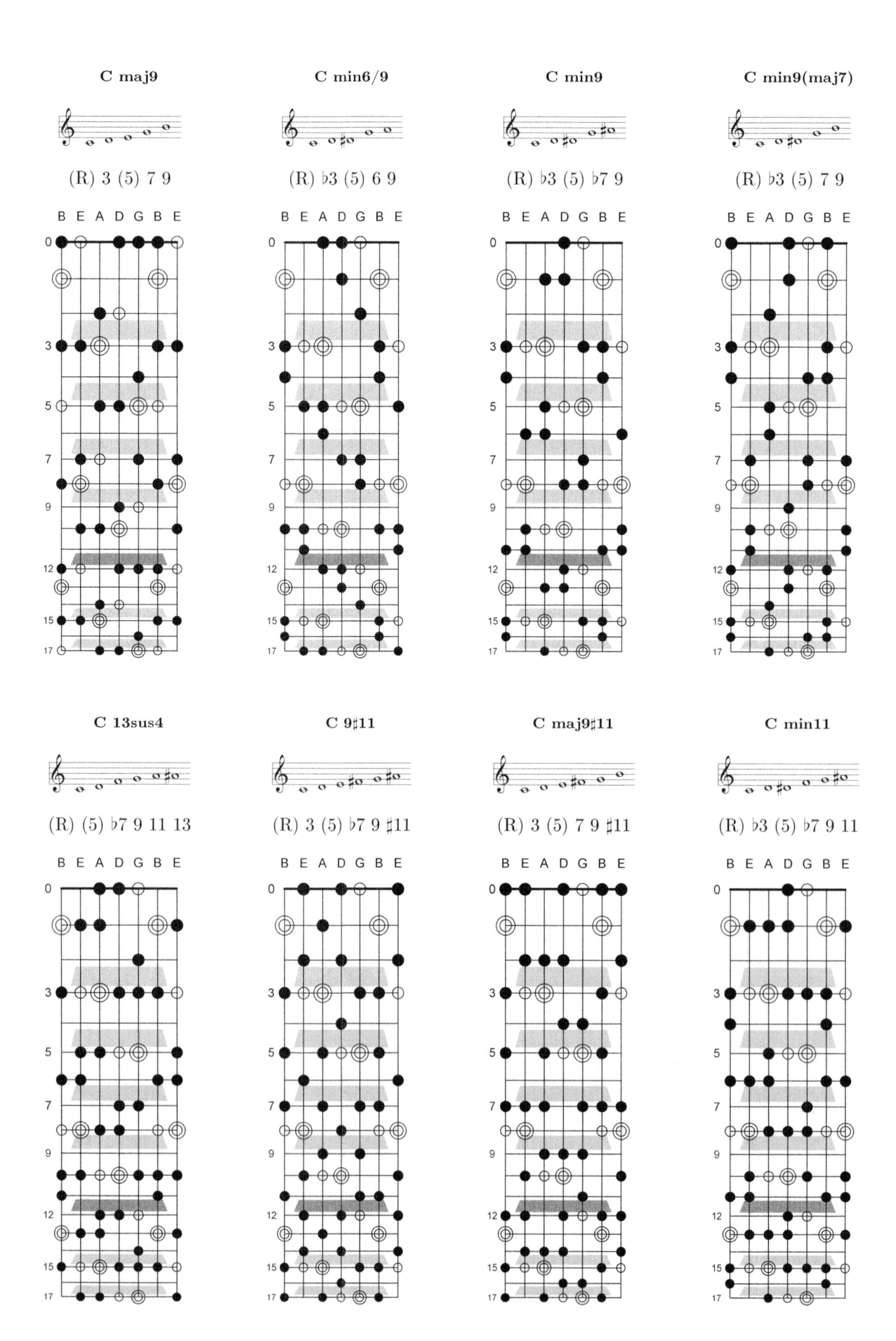

C maj9	C min6/9	C min9	C min9(maj7)
(R) 3 (5) 7 9	(R) b3 (5) 6 9	(R) b3 (5) b7 9	(R) b3 (5) 7 9

C 13sus4	C 9#11	C maj9#11	C min11
(R) (5) b7 9 11 13	(R) 3 (5) b7 9 #11	(R) 3 (5) 7 9 #11	(R) b3 (5) b7 9 11

C 13
(R) 3 (5) b7 9 11 13

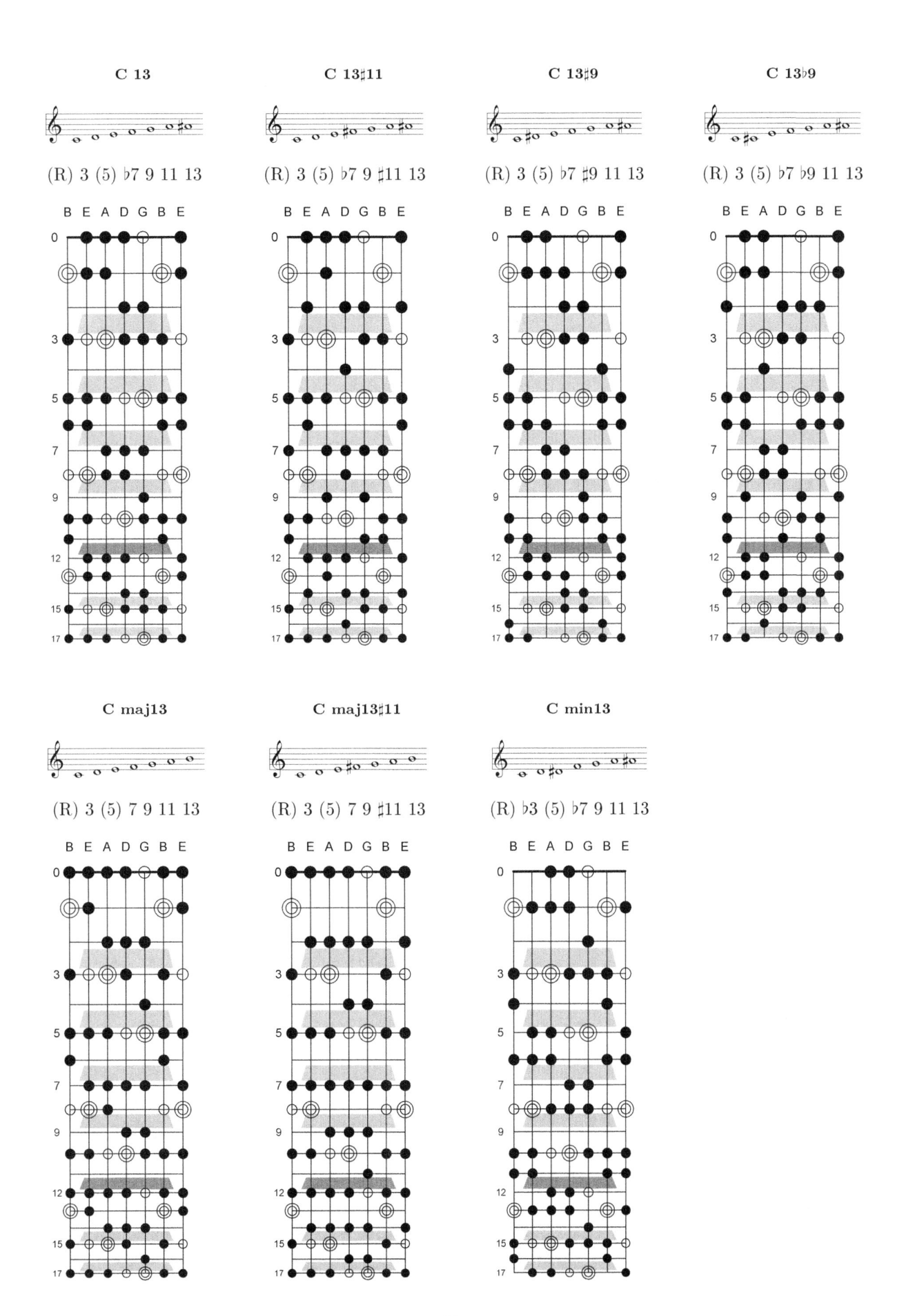

C 13#11
(R) 3 (5) b7 9 #11 13

C 13#9
(R) 3 (5) b7 #9 11 13

C 13b9
(R) 3 (5) b7 b9 11 13

C maj13
(R) 3 (5) 7 9 11 13

C maj13#11
(R) 3 (5) 7 9 #11 13

C min13
(R) b3 (5) b7 9 11 13

C♯/D♭ 5
R 5

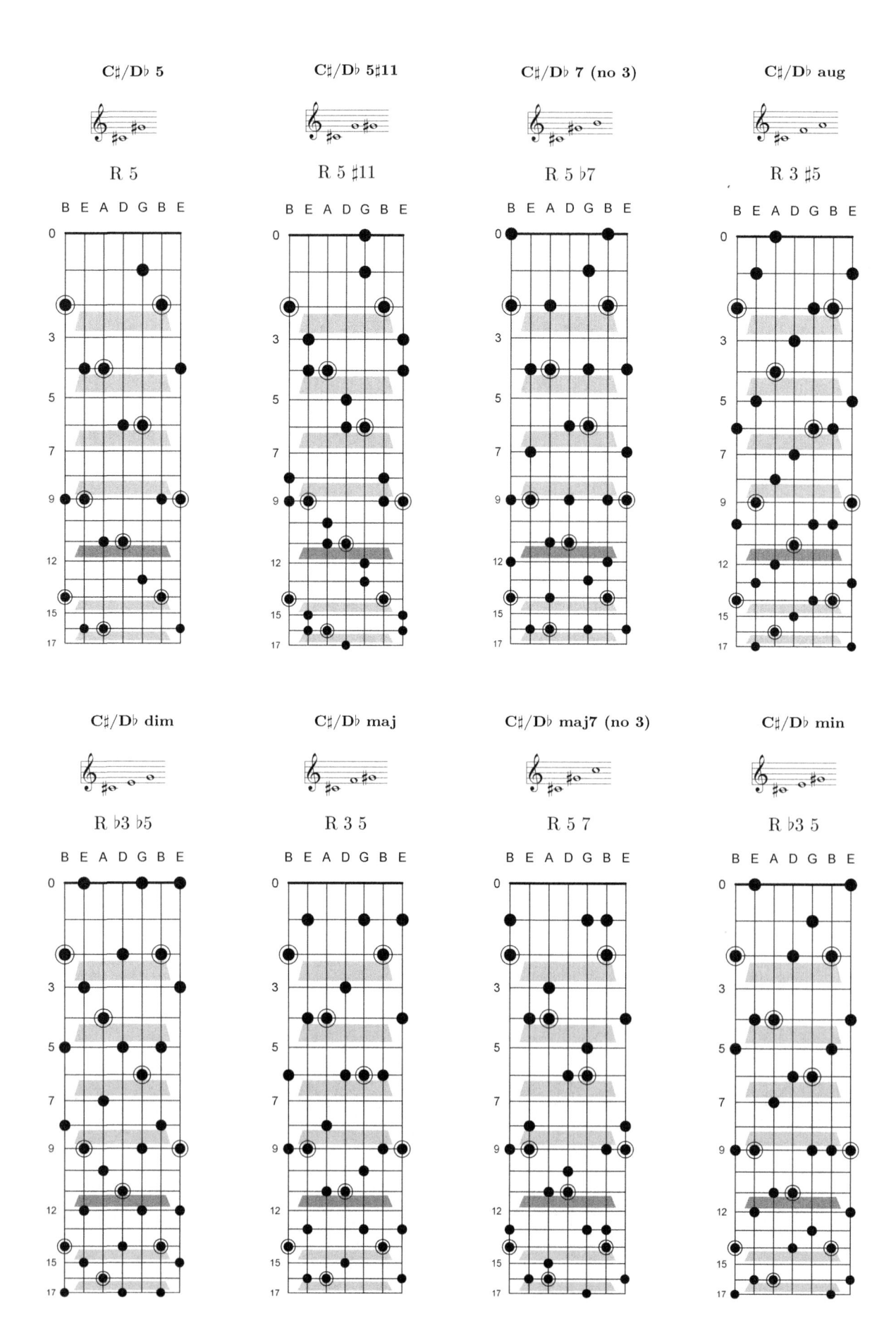

C♯/D♭ 5♯11
R 5 ♯11

C♯/D♭ 7 (no 3)
R 5 ♭7

C♯/D♭ aug
R 3 ♯5

C♯/D♭ dim
R ♭3 ♭5

C♯/D♭ maj
R 3 5

C♯/D♭ maj7 (no 3)
R 5 7

C♯/D♭ min
R ♭3 5

C♯/D♭ sus2

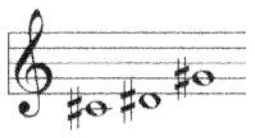

R 2 5

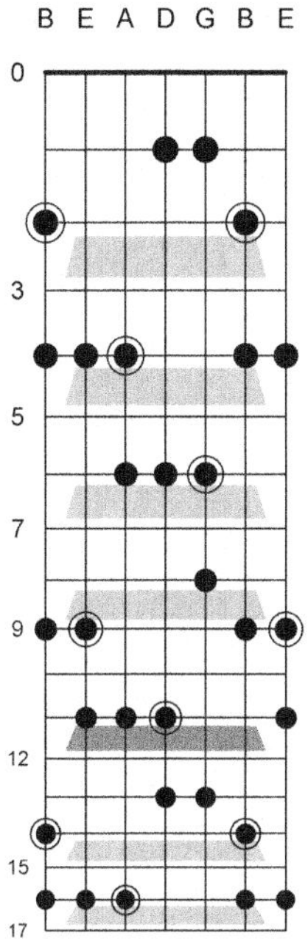

C♯/D♭ sus4

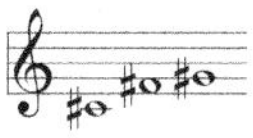

R 4 5

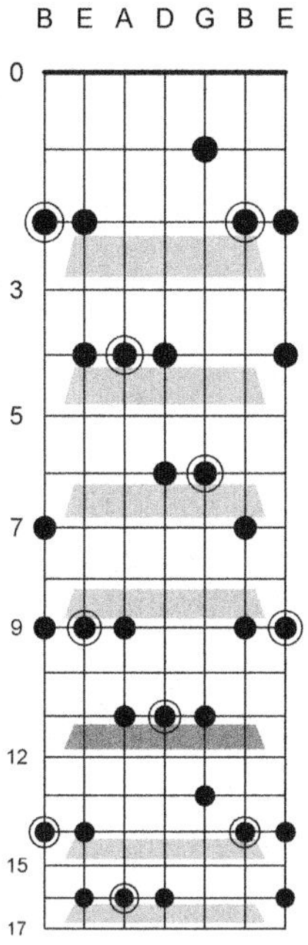

C♯/D♭ 6

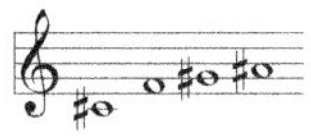

R 3 (5) 6

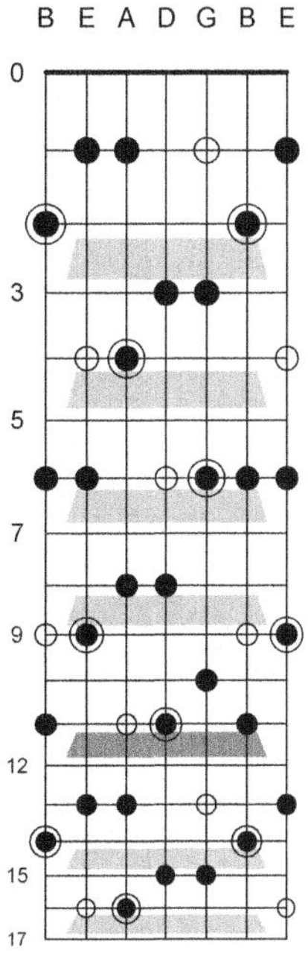

C♯/D♭ (6/9) (no 3)

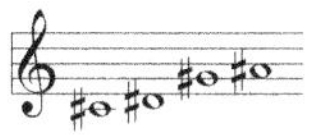

(R) 5 6 9

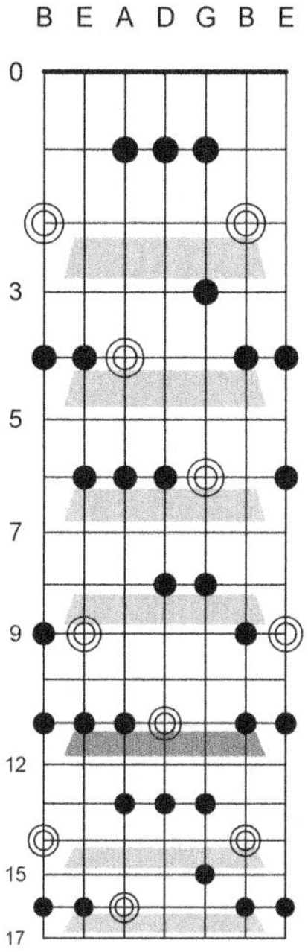

C♯/D♭ 7

R 3 5 ♭7

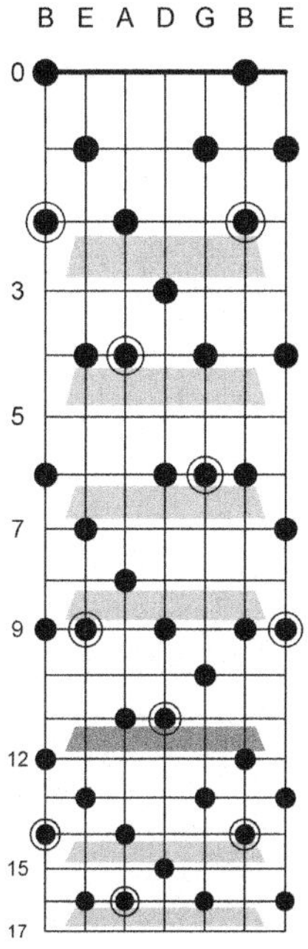

C♯/D♭ 7♭5

R 3 ♭5 ♭7

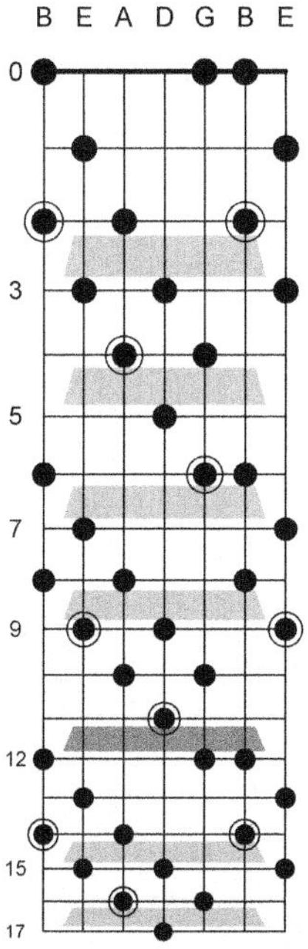

C♯/D♭ 7sus2

R 2 5 ♭7

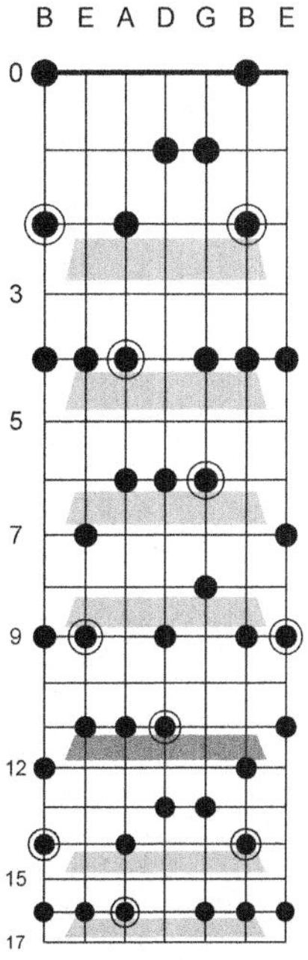

C♯/D♭ 7sus4

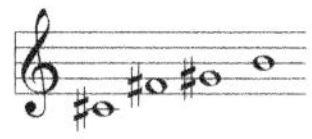

R 4 5 ♭7

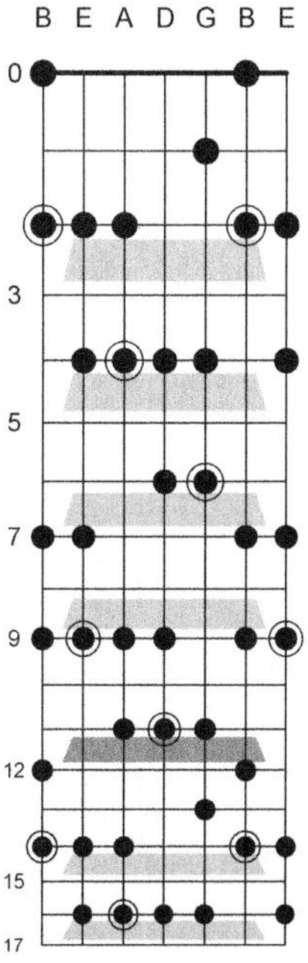

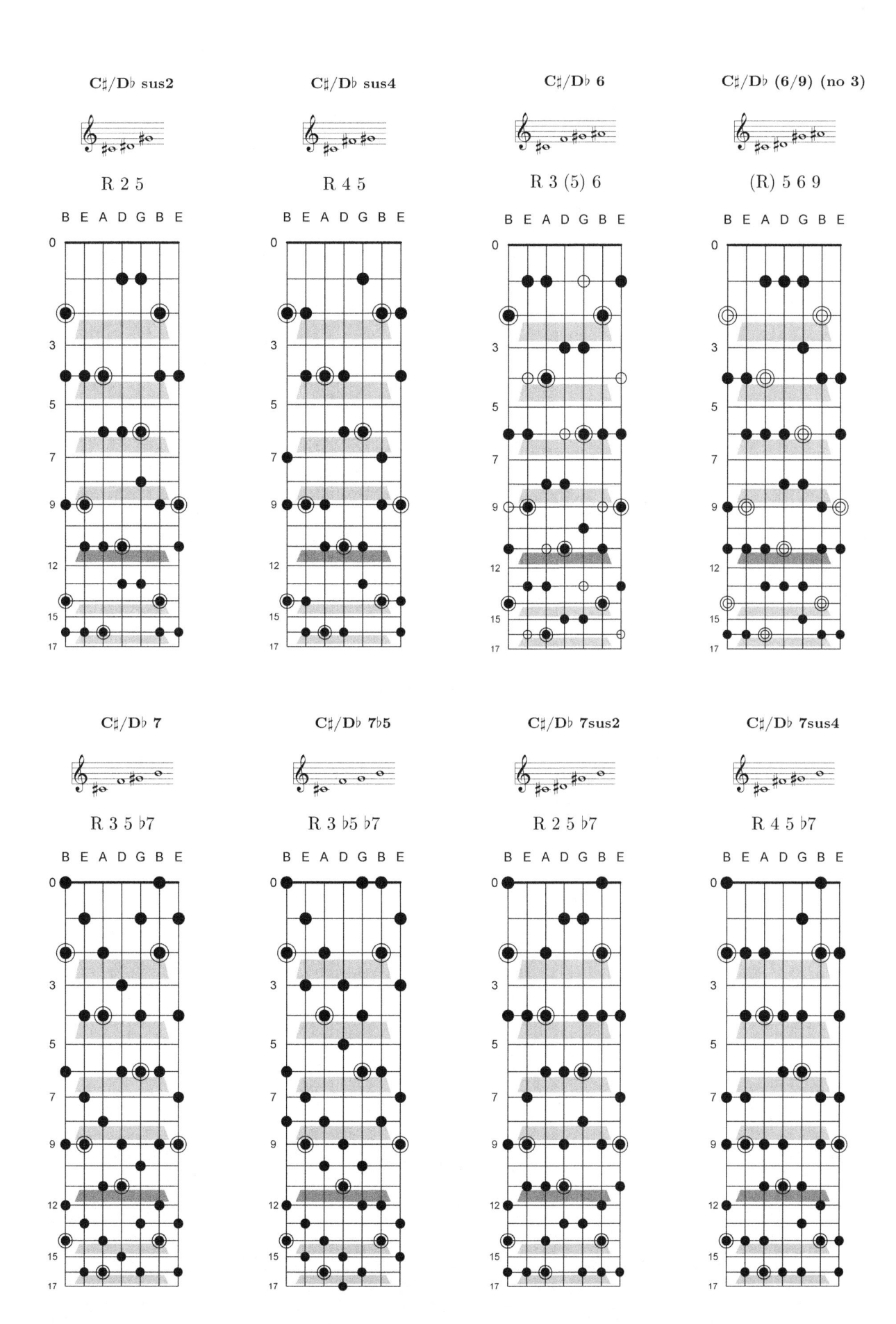

C♯/D♭ add9

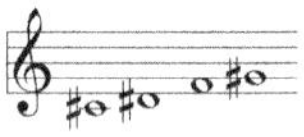

(R) 3 5 9

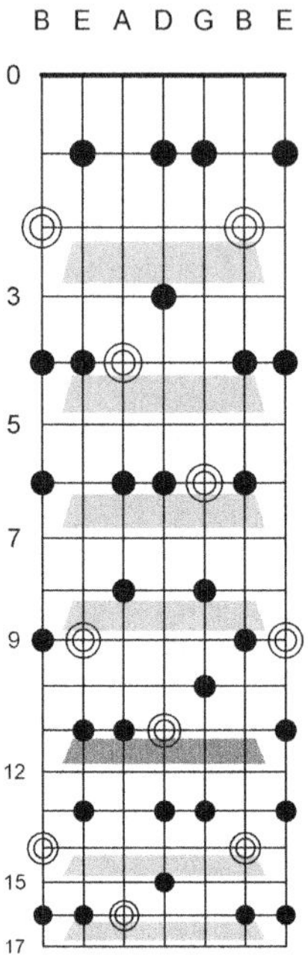

C♯/D♭ aug7

R 3 ♯5 ♭7

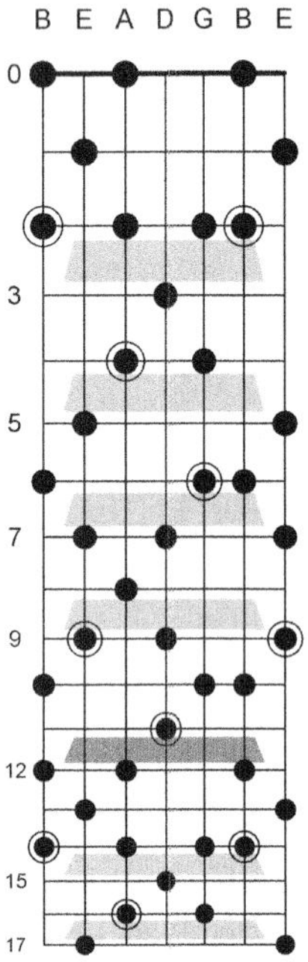

C♯/D♭ dim7

R ♭3 ♭5 ♭♭7

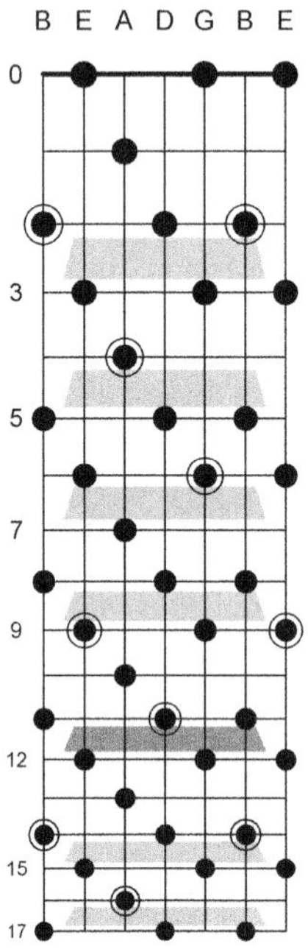

C♯/D♭ maj7

R 3 5 7

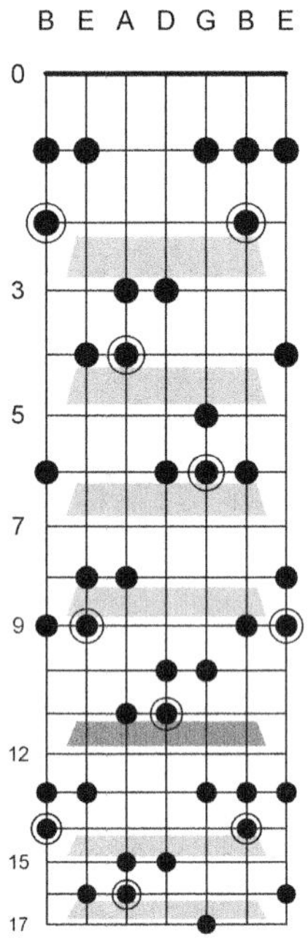

C♯/D♭ min6

R ♭3 (5) 6

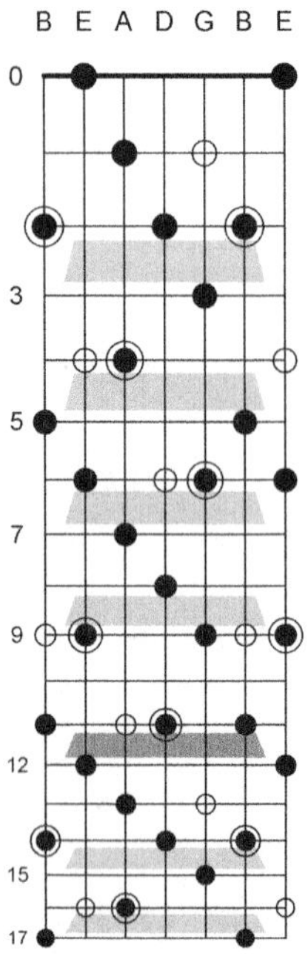

C♯/D♭ min7

R ♭3 5 ♭7

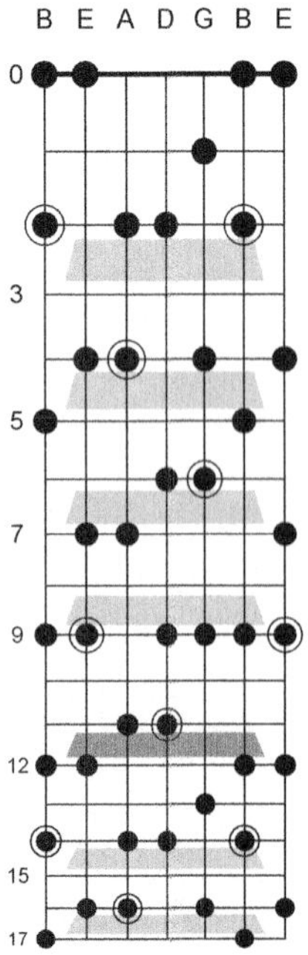

C♯/D♭ min7♯5

R ♭3 ♯5 ♭7

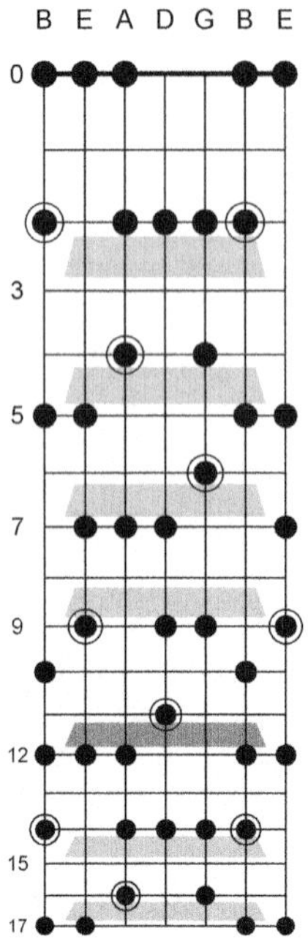

C♯/D♭ min7♭5

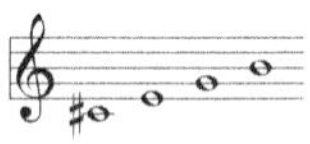

R ♭3 ♭5 ♭7

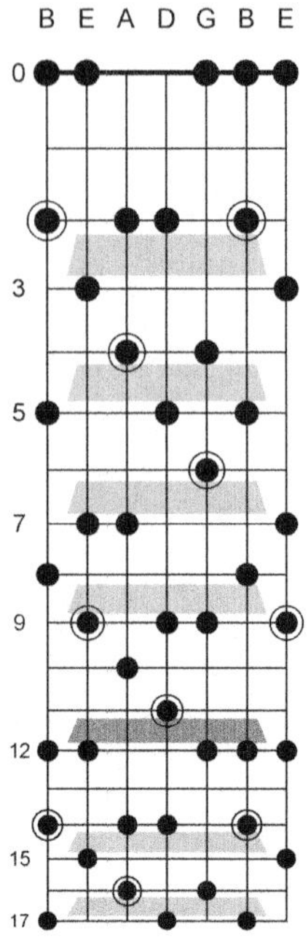

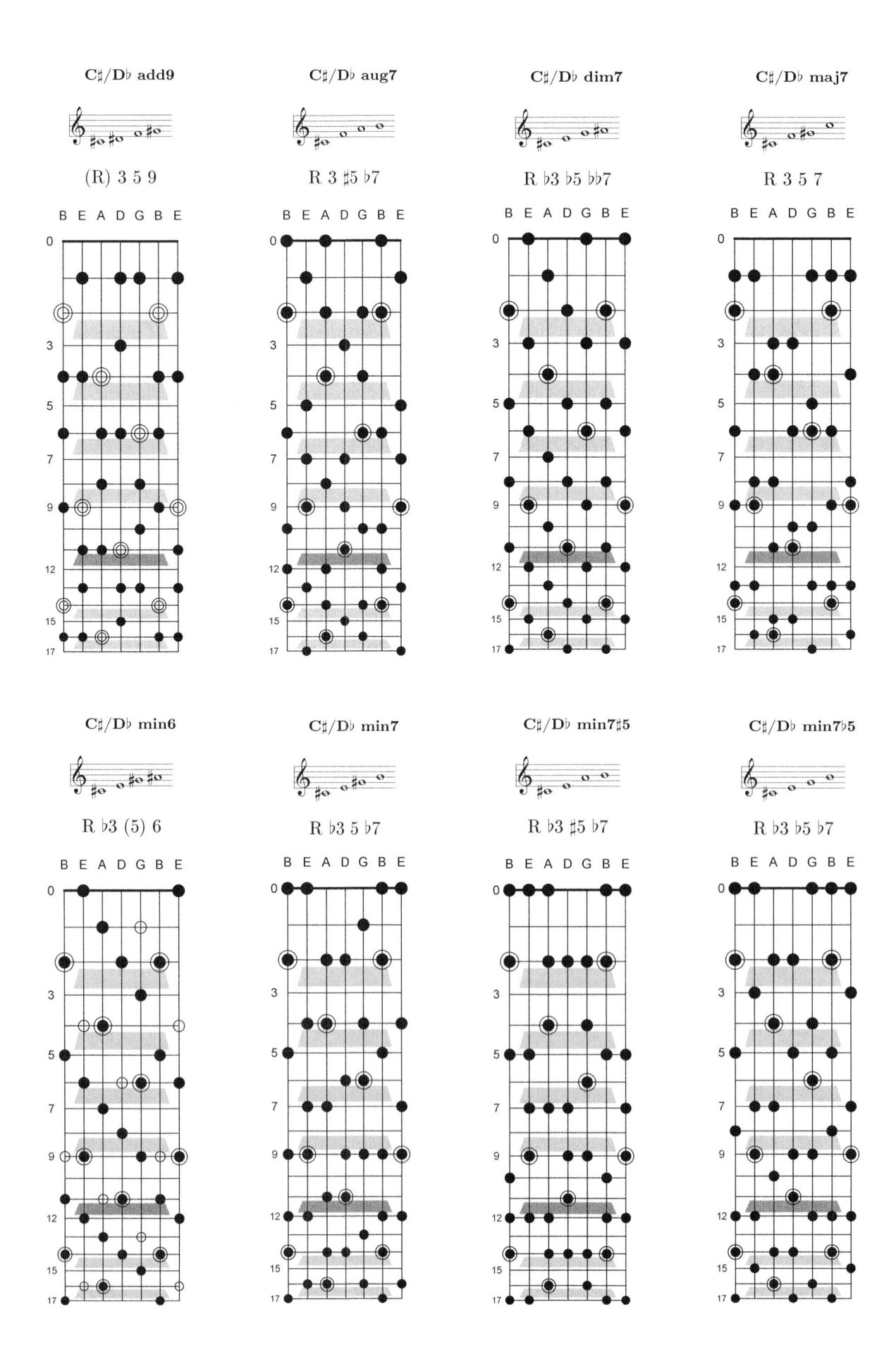

C♯/D♭ min(maj7)
R ♭3 5 7

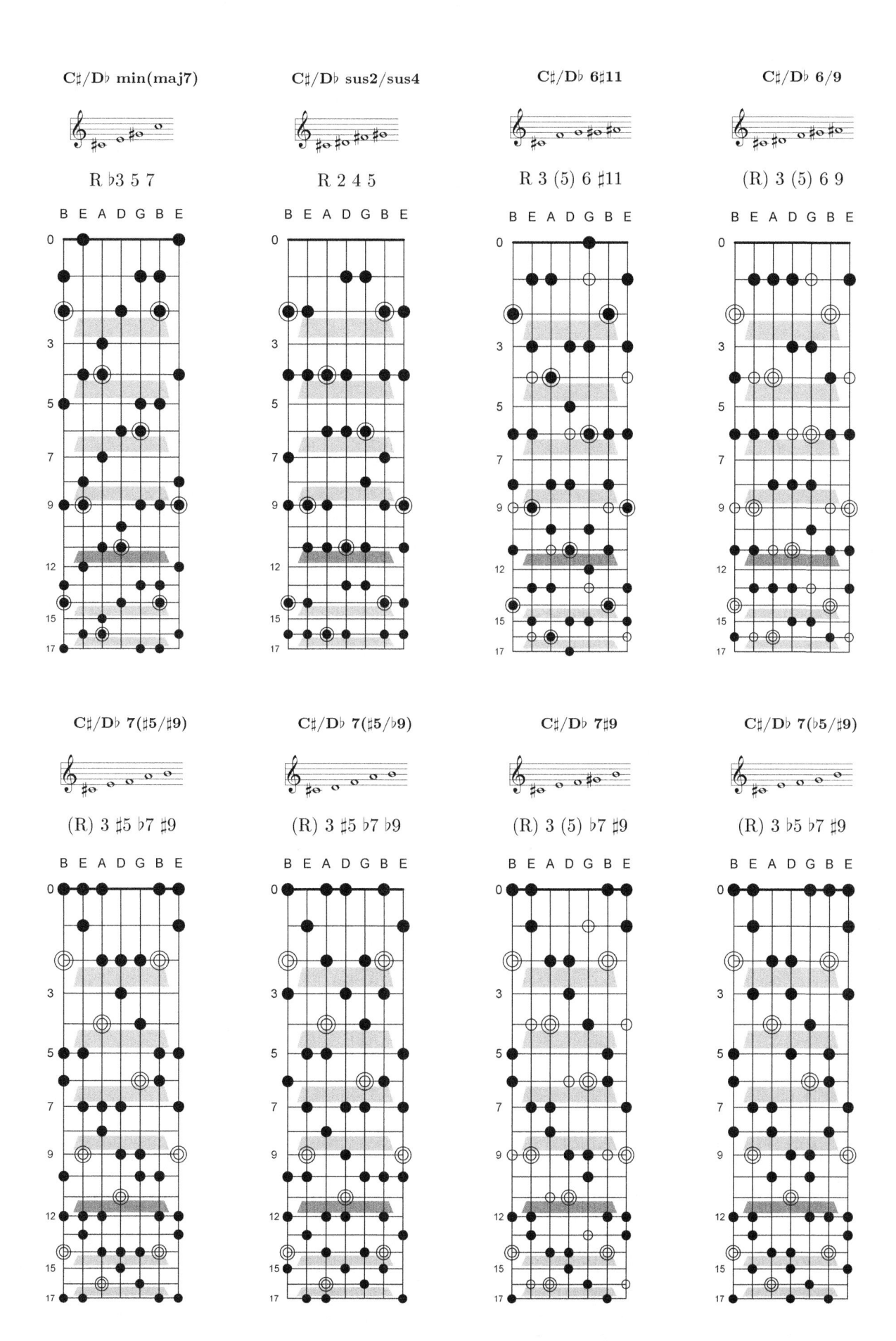

C♯/D♭ sus2/sus4
R 2 4 5

C♯/D♭ 6♯11
R 3 (5) 6 ♯11

C♯/D♭ 6/9
(R) 3 (5) 6 9

C♯/D♭ 7(♯5/♯9)
(R) 3 ♯5 ♭7 ♯9

C♯/D♭ 7(♯5/♭9)
(R) 3 ♯5 ♭7 ♭9

C♯/D♭ 7♯9
(R) 3 (5) ♭7 ♯9

C♯/D♭ 7(♭5/♯9)
(R) 3 ♭5 ♭7 ♯9

C♯/D♭ 7(♭5/♭9)

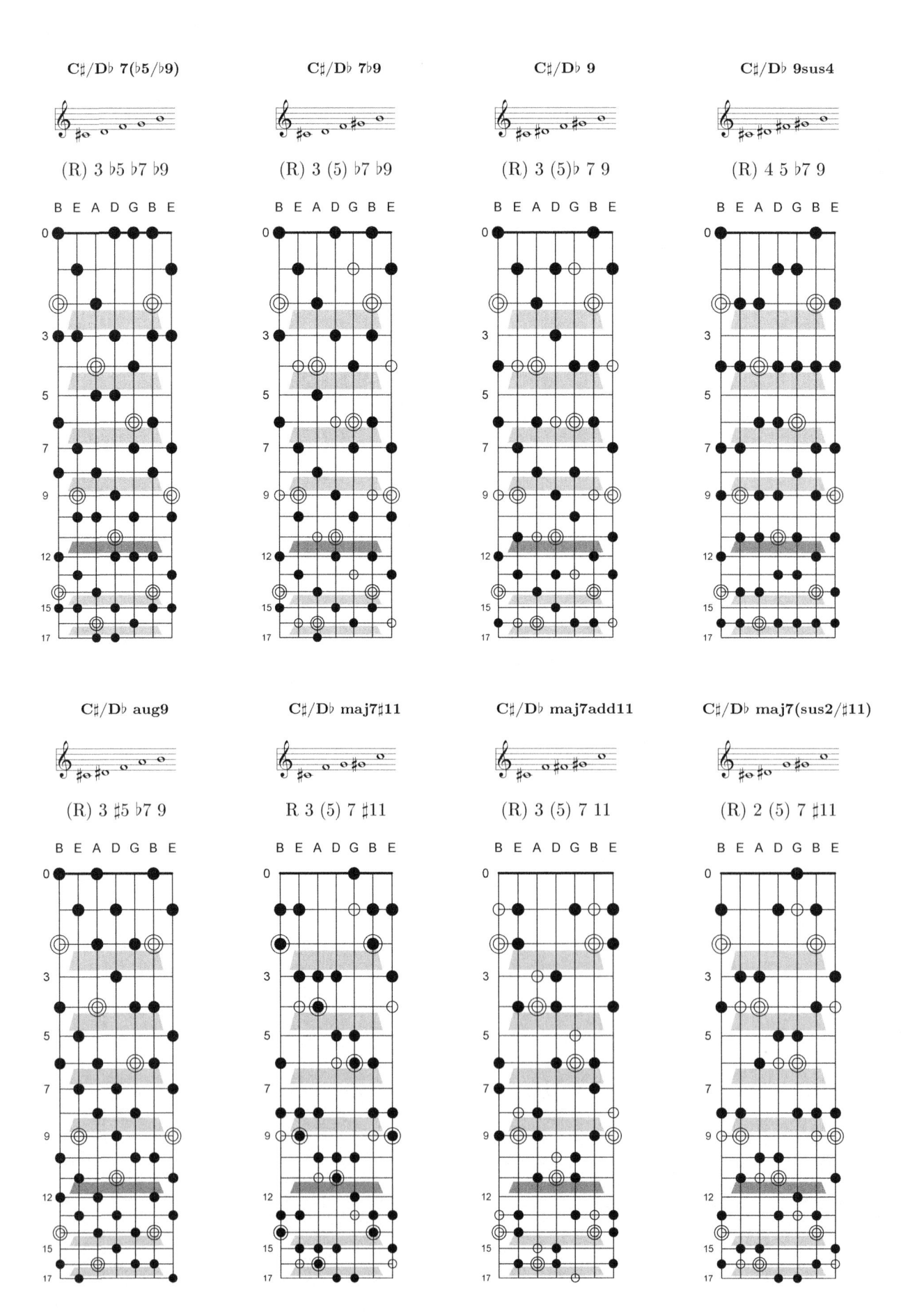

(R) 3 ♭5 ♭7 ♭9

C♯/D♭ 7♭9

(R) 3 (5) ♭7 ♭9

C♯/D♭ 9

(R) 3 (5) ♭7 9

C♯/D♭ 9sus4

(R) 4 5 ♭7 9

C♯/D♭ aug9

(R) 3 ♯5 ♭7 9

C♯/D♭ maj7♯11

R 3 (5) 7 ♯11

C♯/D♭ maj7add11

(R) 3 (5) 7 11

C♯/D♭ maj7(sus2/♯11)

(R) 2 (5) 7 ♯11

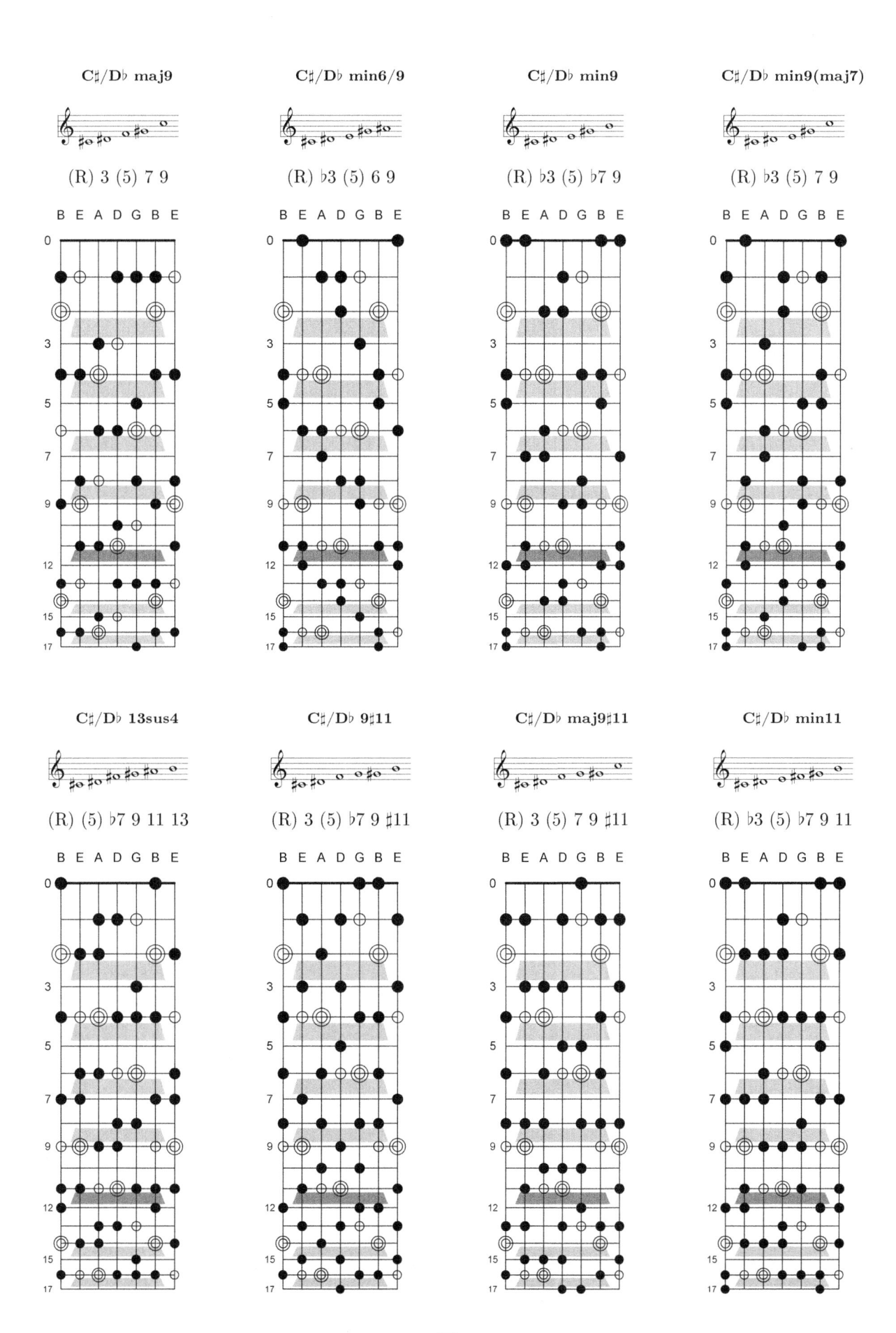

C♯/D♭ maj9	C♯/D♭ min6/9	C♯/D♭ min9	C♯/D♭ min9(maj7)
(R) 3 (5) 7 9	(R) ♭3 (5) 6 9	(R) ♭3 (5) ♭7 9	(R) ♭3 (5) 7 9

C♯/D♭ 13sus4	C♯/D♭ 9♯11	C♯/D♭ maj9♯11	C♯/D♭ min11
(R) (5) ♭7 9 11 13	(R) 3 (5) ♭7 9 ♯11	(R) 3 (5) 7 9 ♯11	(R) ♭3 (5) ♭7 9 11

C♯/D♭ 13
(R) 3 (5) ♭7 9 11 13

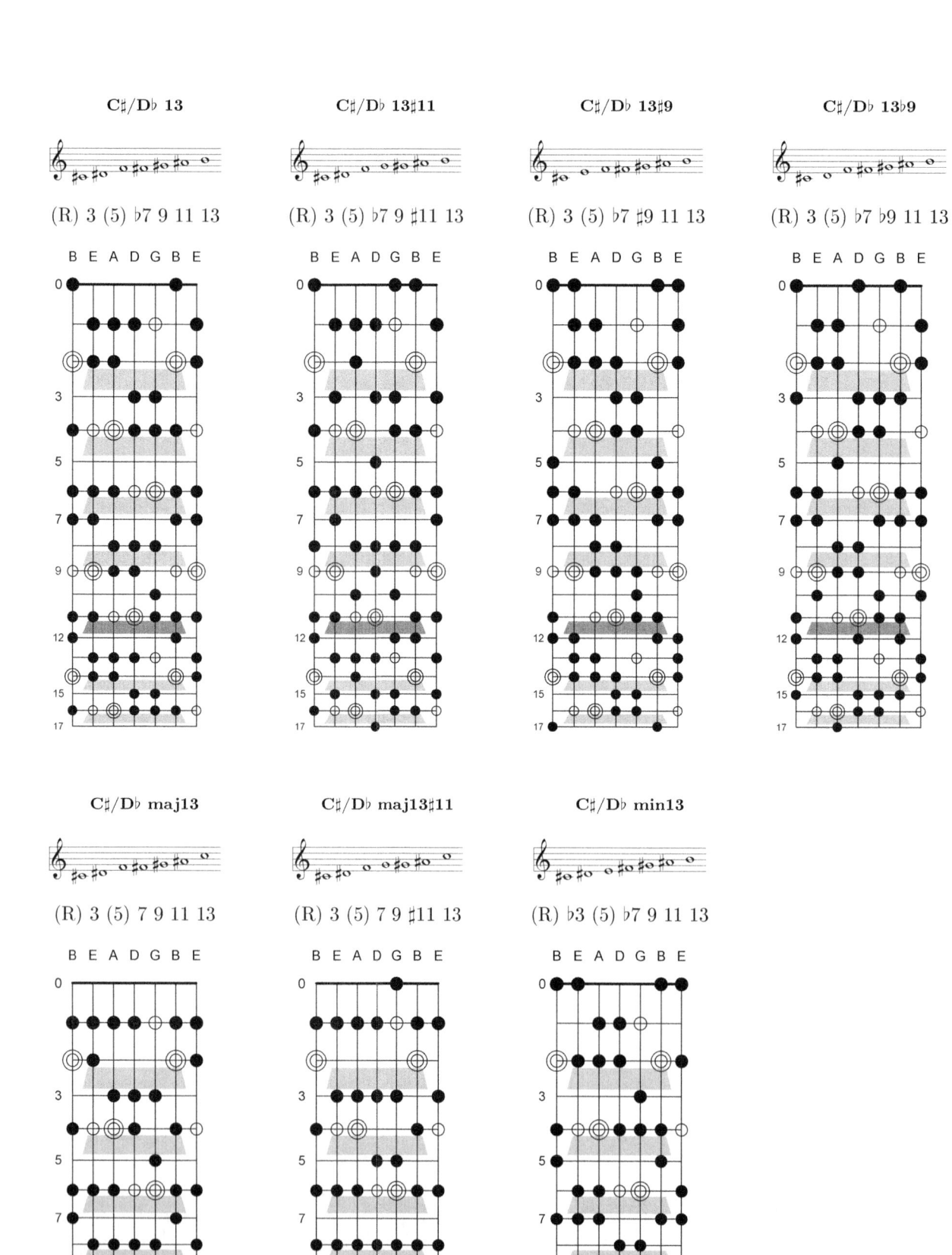

C♯/D♭ 13♯11
(R) 3 (5) ♭7 9 ♯11 13

C♯/D♭ 13♯9
(R) 3 (5) ♭7 ♯9 11 13

C♯/D♭ 13♭9
(R) 3 (5) ♭7 ♭9 11 13

C♯/D♭ maj13
(R) 3 (5) 7 9 11 13

C♯/D♭ maj13♯11
(R) 3 (5) 7 9 ♯11 13

C♯/D♭ min13
(R) ♭3 (5) ♭7 9 11 13

D 5	D 5♮11	D 7 (no 3)	D aug
R 5	R 5 ♯11	R 5 ♭7	R 3 ♯5

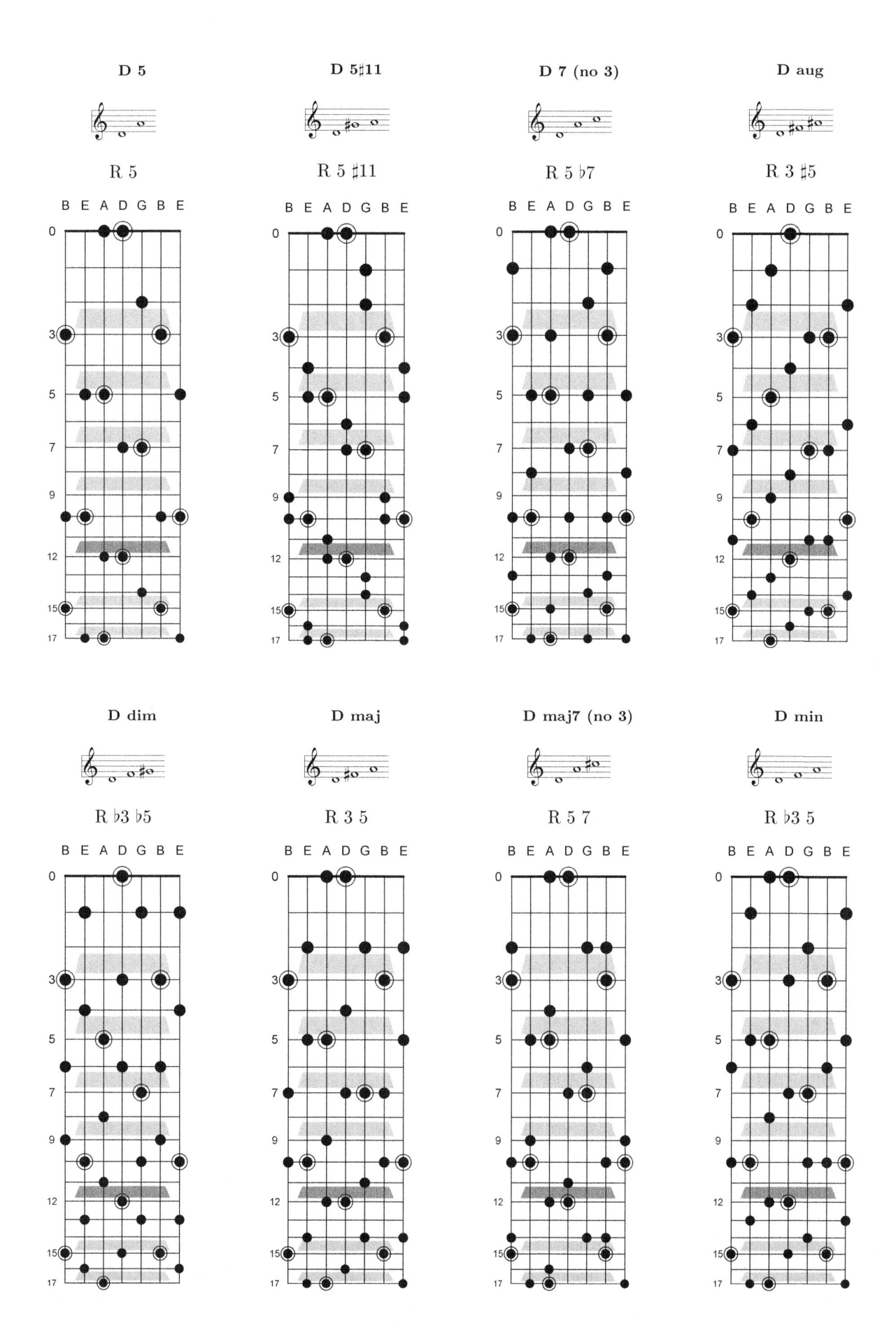

D dim	D maj	D maj7 (no 3)	D min
R ♭3 ♭5	R 3 5	R 5 7	R ♭3 5

D sus2	D sus4	D 6	D (6/9) (no 3)
R 2 5	R 4 5	R 3 (5) 6	(R) 5 6 9

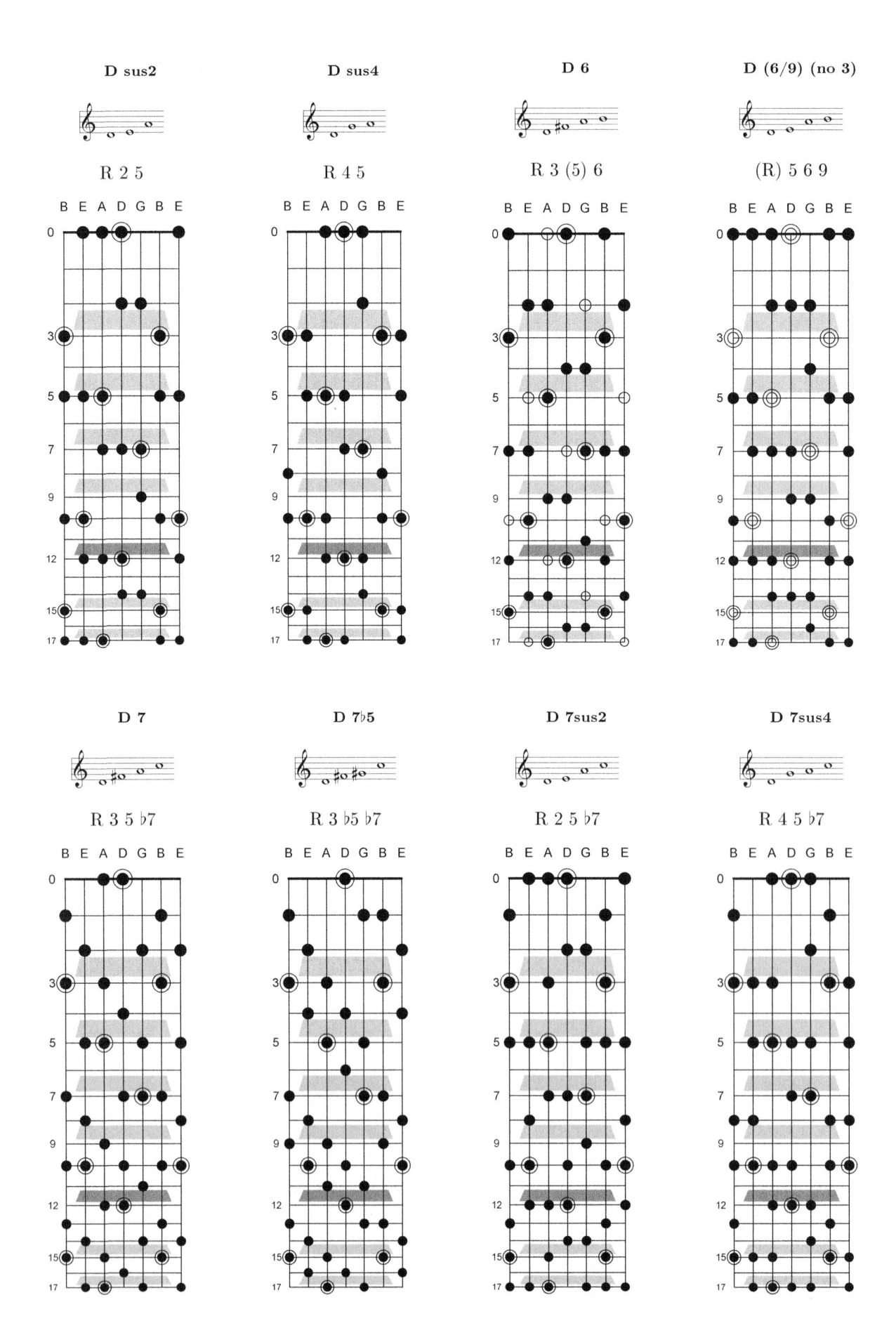

D 7	D 7♭5	D 7sus2	D 7sus4
R 3 5 ♭7	R 3 ♭5 ♭7	R 2 5 ♭7	R 4 5 ♭7

D add9	D aug7	D dim7	D maj7
(R) 3 5 9	R 3 ♯5 ♭7	R ♭3 ♭5 ♭♭7	R 3 5 7

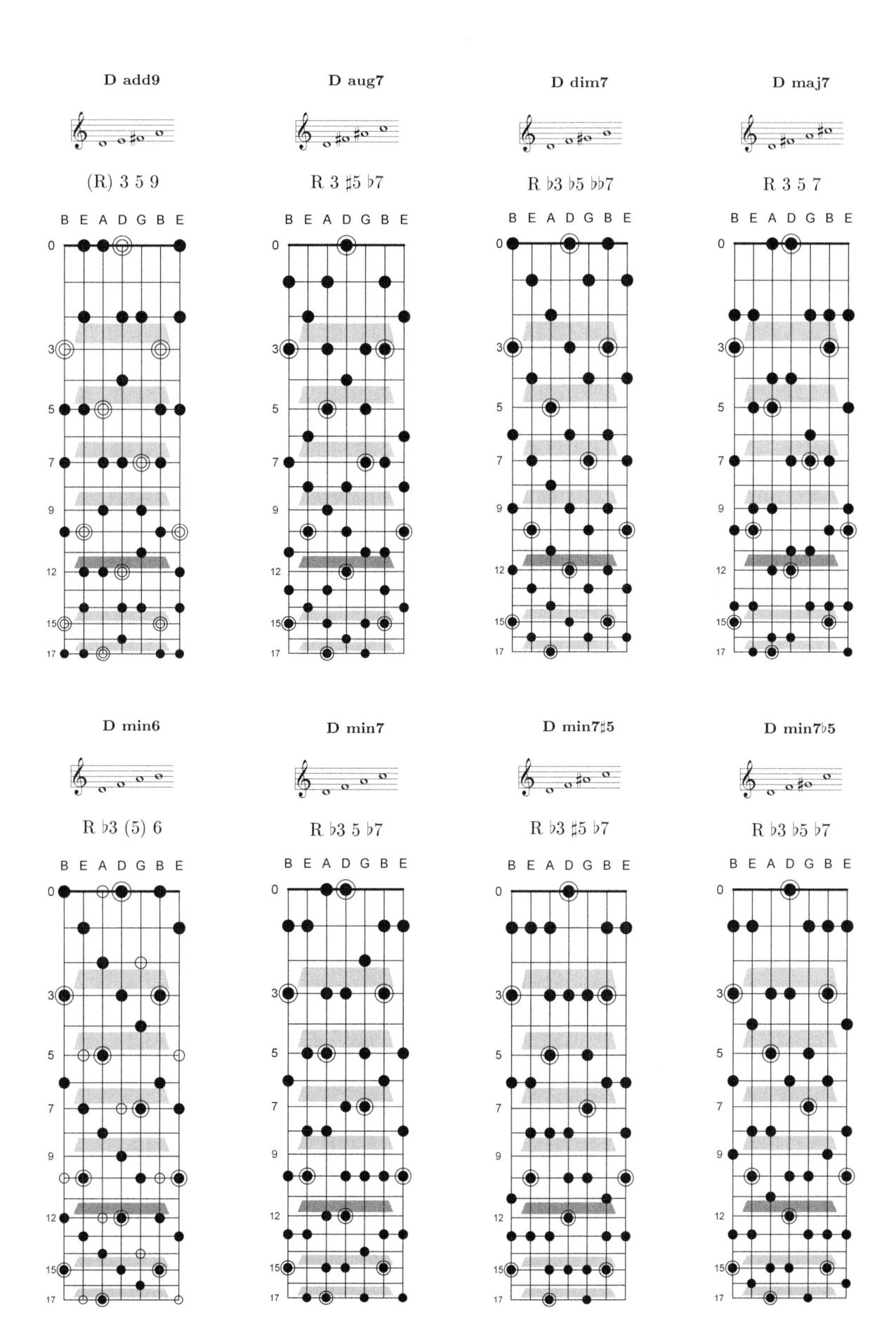

D min6	D min7	D min7♯5	D min7♭5
R ♭3 (5) 6	R ♭3 5 ♭7	R ♭3 ♯5 ♭7	R ♭3 ♭5 ♭7

D min(maj7)

R ♭3 5 7

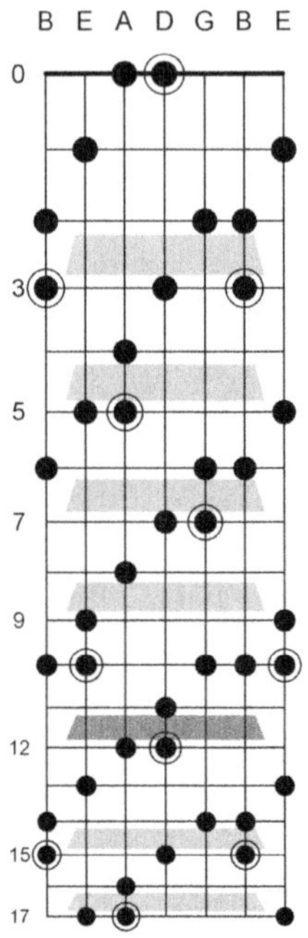

D sus2/sus4

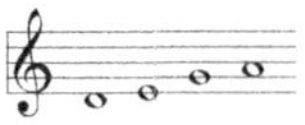

R 2 4 5

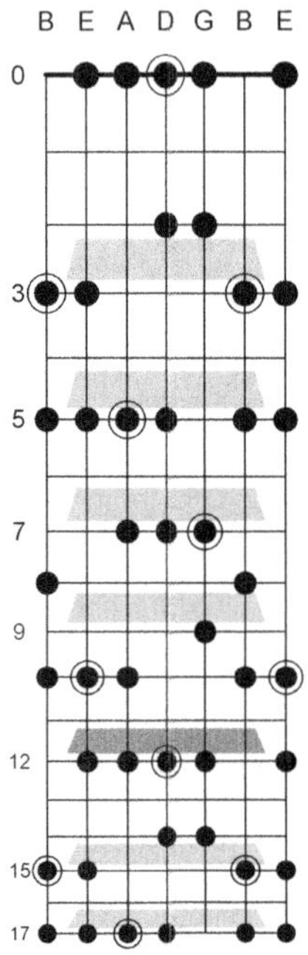

D 6♯11

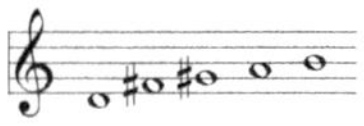

R 3 (5) 6 ♯11

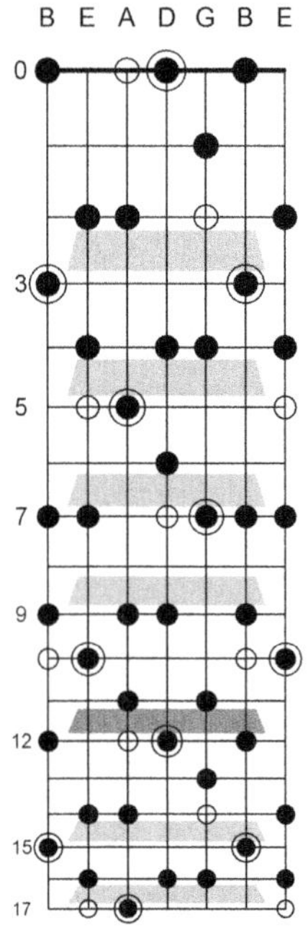

D 6/9

(R) 3 (5) 6 9

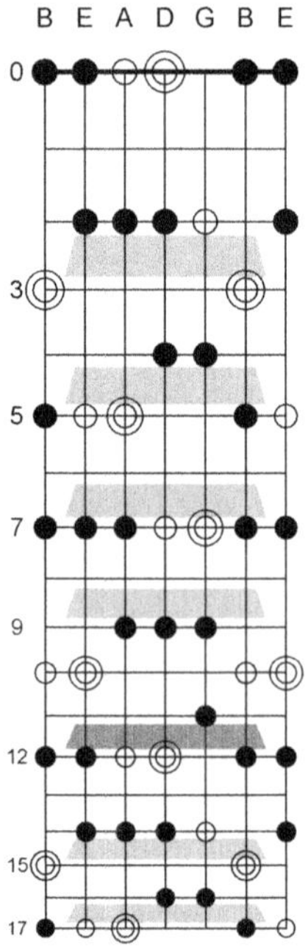

D 7(♯5/♯9)

(R) 3 ♯5 ♭7 ♯9

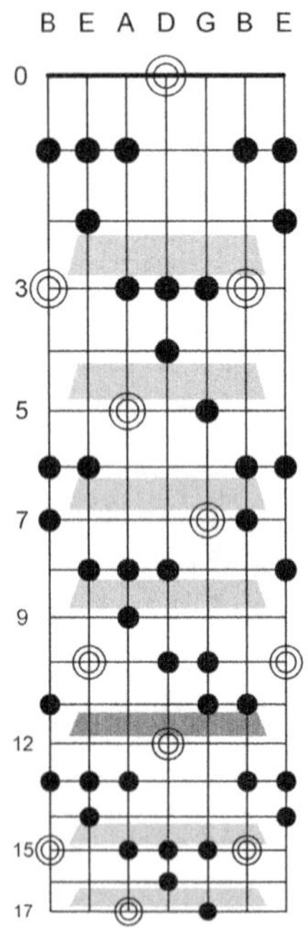

D 7(♯5/♭9)

(R) 3 ♯5 ♭7 ♭9

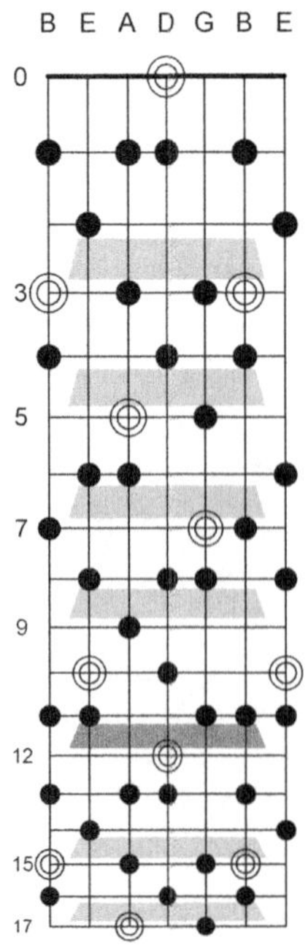

D 7♯9

(R) 3 (5) ♭7 ♯9

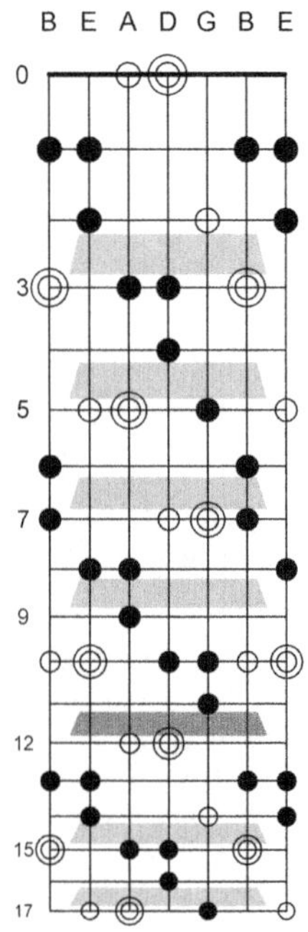

D 7(♭5/♯9)

(R) 3 ♭5 ♭7 ♯9

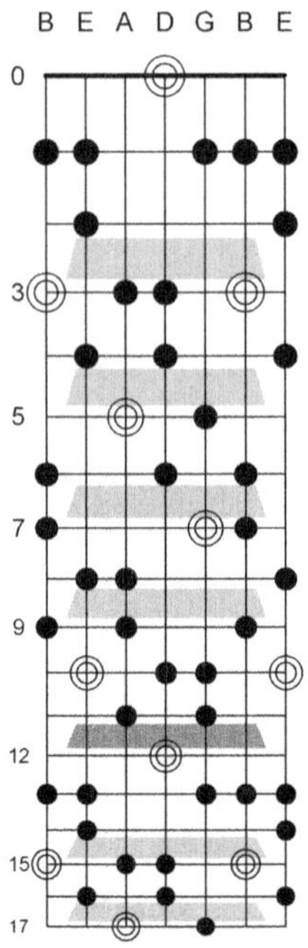

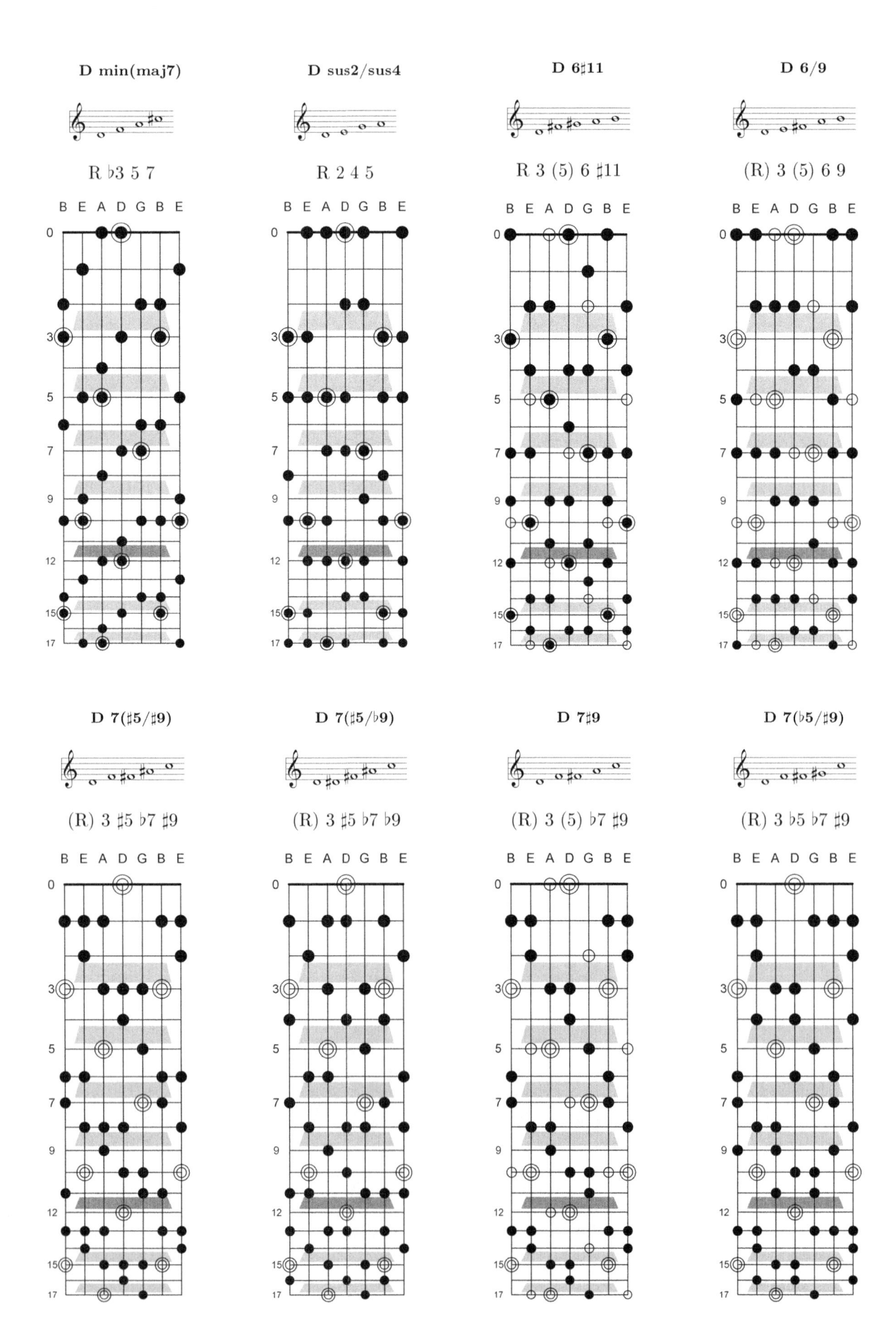

D 7(♭5/♭9)
(R) 3 ♭5 ♭7 ♭9

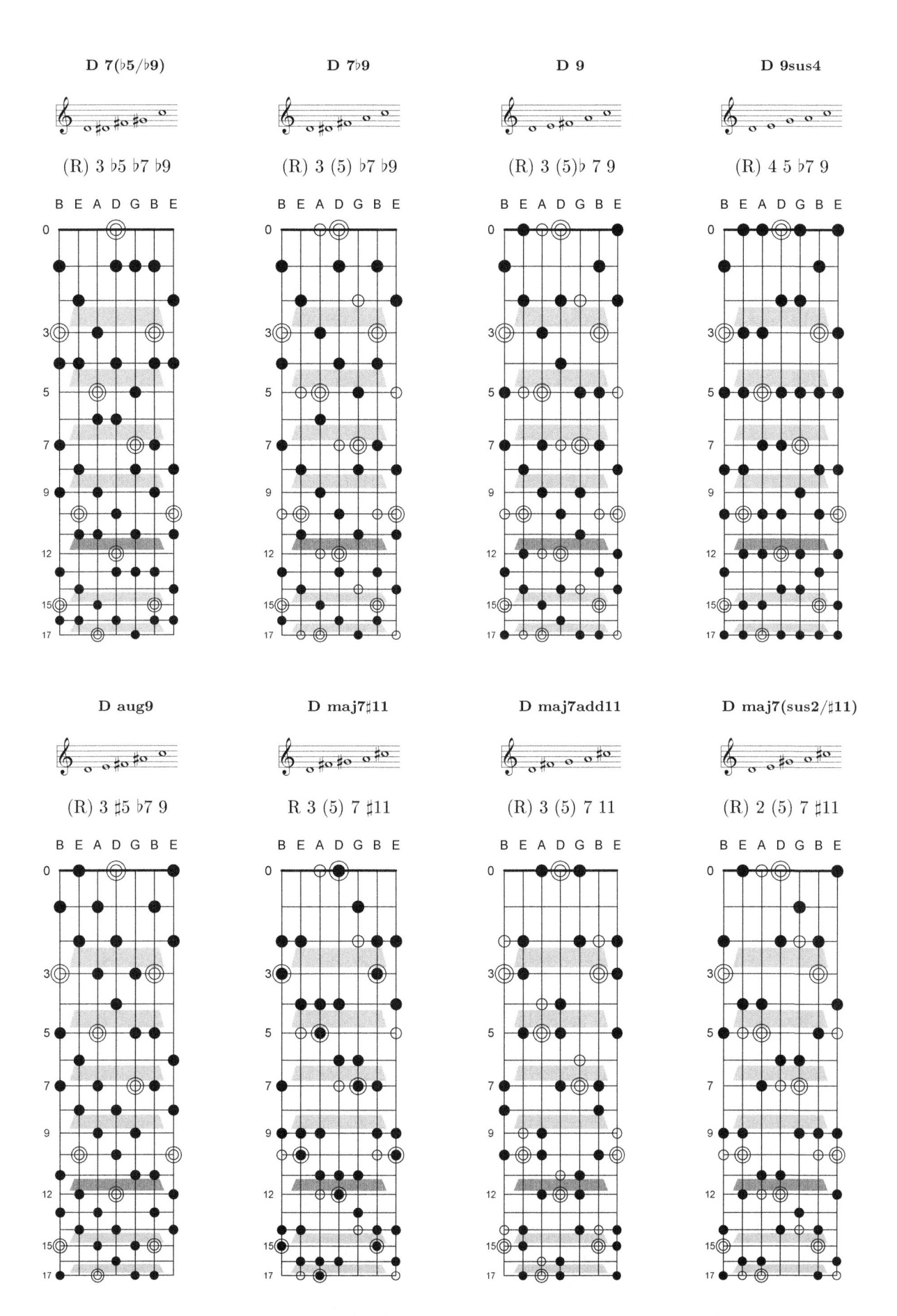

D 7♭9
(R) 3 (5) ♭7 ♭9

D 9
(R) 3 (5) ♭7 9

D 9sus4
(R) 4 5 ♭7 9

D aug9
(R) 3 ♯5 ♭7 9

D maj7♯11
R 3 (5) 7 ♯11

D maj7add11
(R) 3 (5) 7 11

D maj7(sus2/♯11)
(R) 2 (5) 7 ♯11

D maj9
(R) 3 (5) 7 9

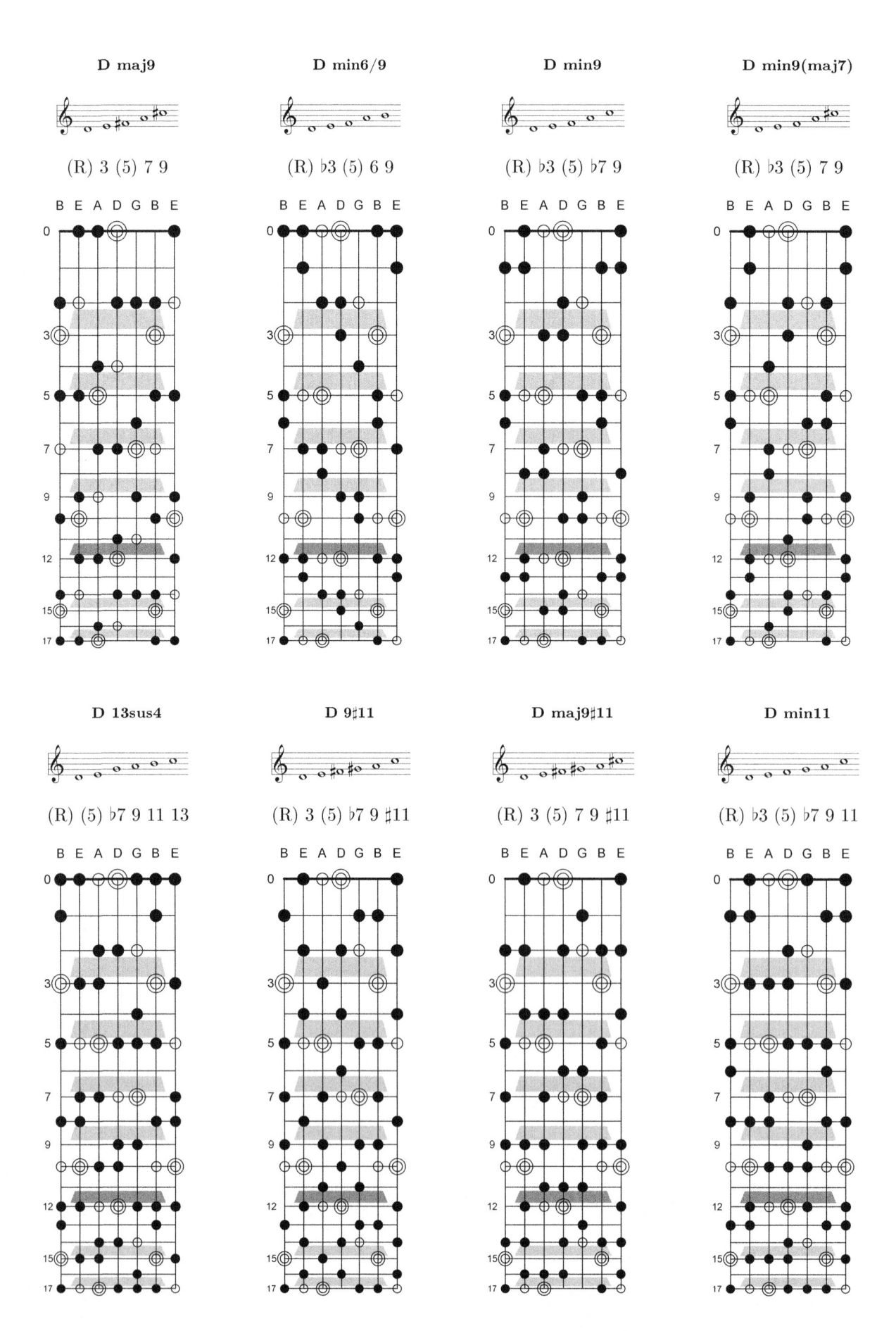

D min6/9
(R) ♭3 (5) 6 9

D min9
(R) ♭3 (5) ♭7 9

D min9(maj7)
(R) ♭3 (5) 7 9

D 13sus4
(R) (5) ♭7 9 11 13

D 9♯11
(R) 3 (5) ♭7 9 ♯11

D maj9♯11
(R) 3 (5) 7 9 ♯11

D min11
(R) ♭3 (5) ♭7 9 11

D 13
(R) 3 (5) ♭7 9 11 13

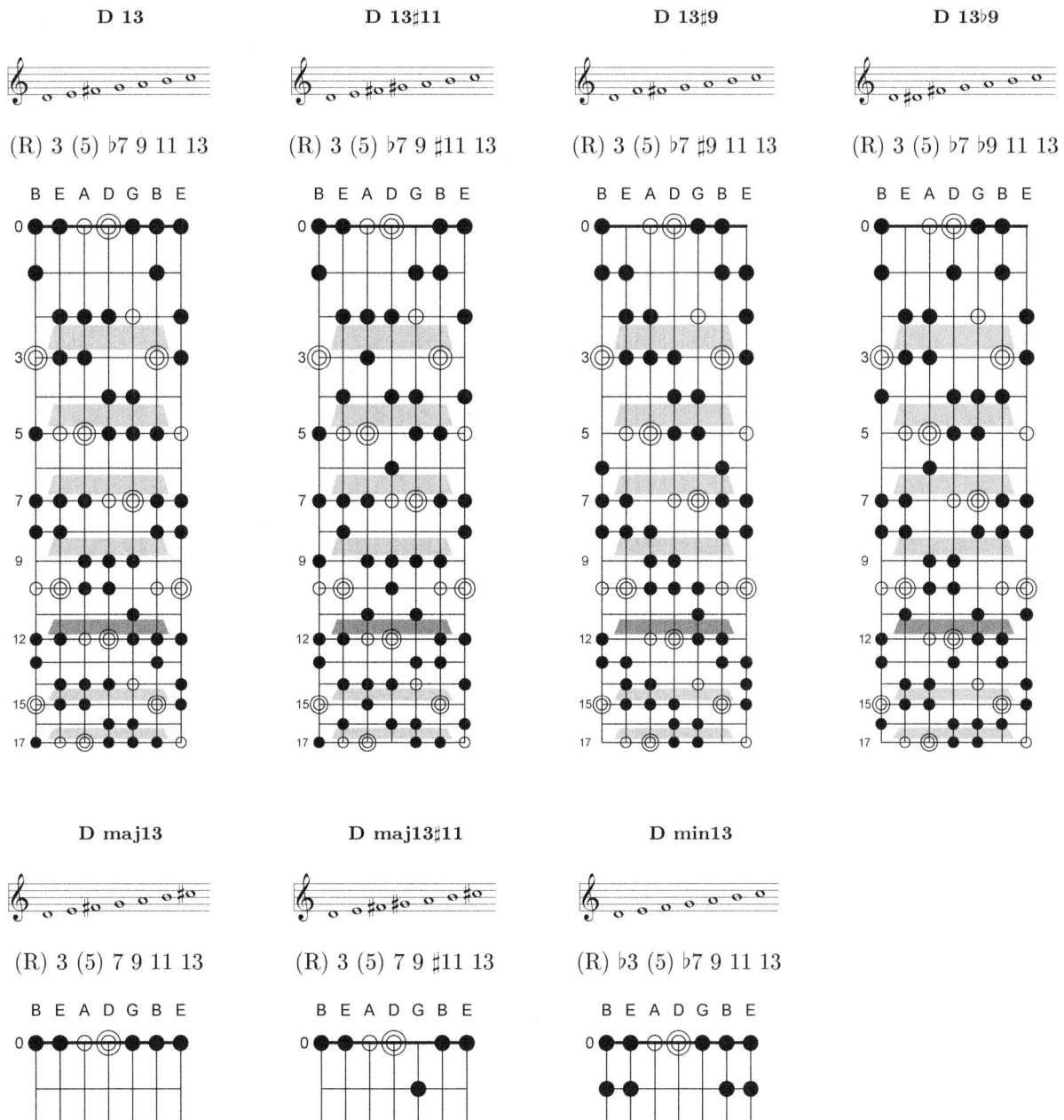

D 13♯11
(R) 3 (5) ♭7 9 ♯11 13

D 13♯9
(R) 3 (5) ♭7 ♯9 11 13

D 13♭9
(R) 3 (5) ♭7 ♭9 11 13

D maj13
(R) 3 (5) 7 9 11 13

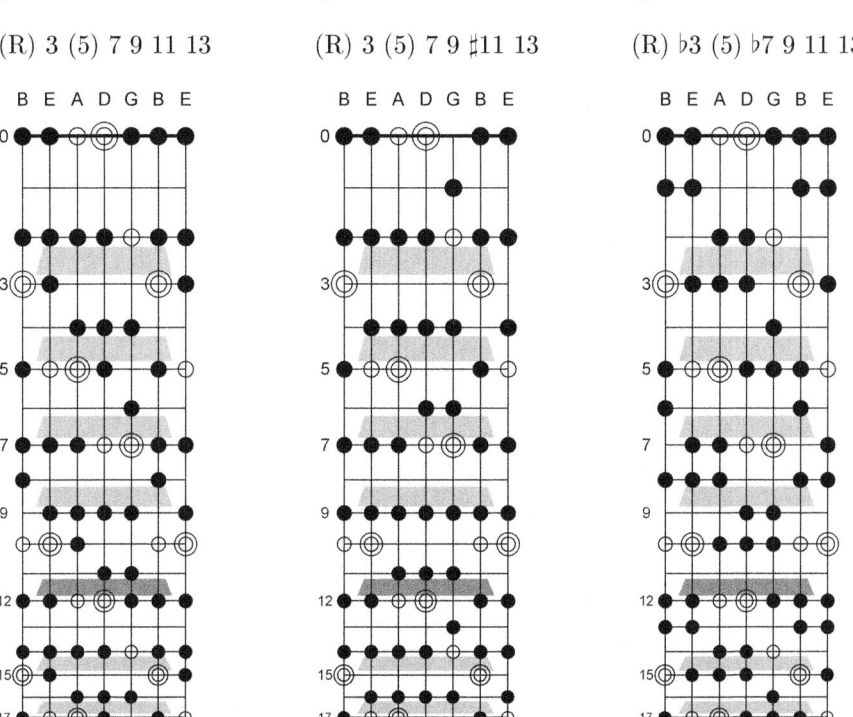

D maj13♯11
(R) 3 (5) 7 9 ♯11 13

D min13
(R) ♭3 (5) ♭7 9 11 13

D♯/E♭ 5
R 5

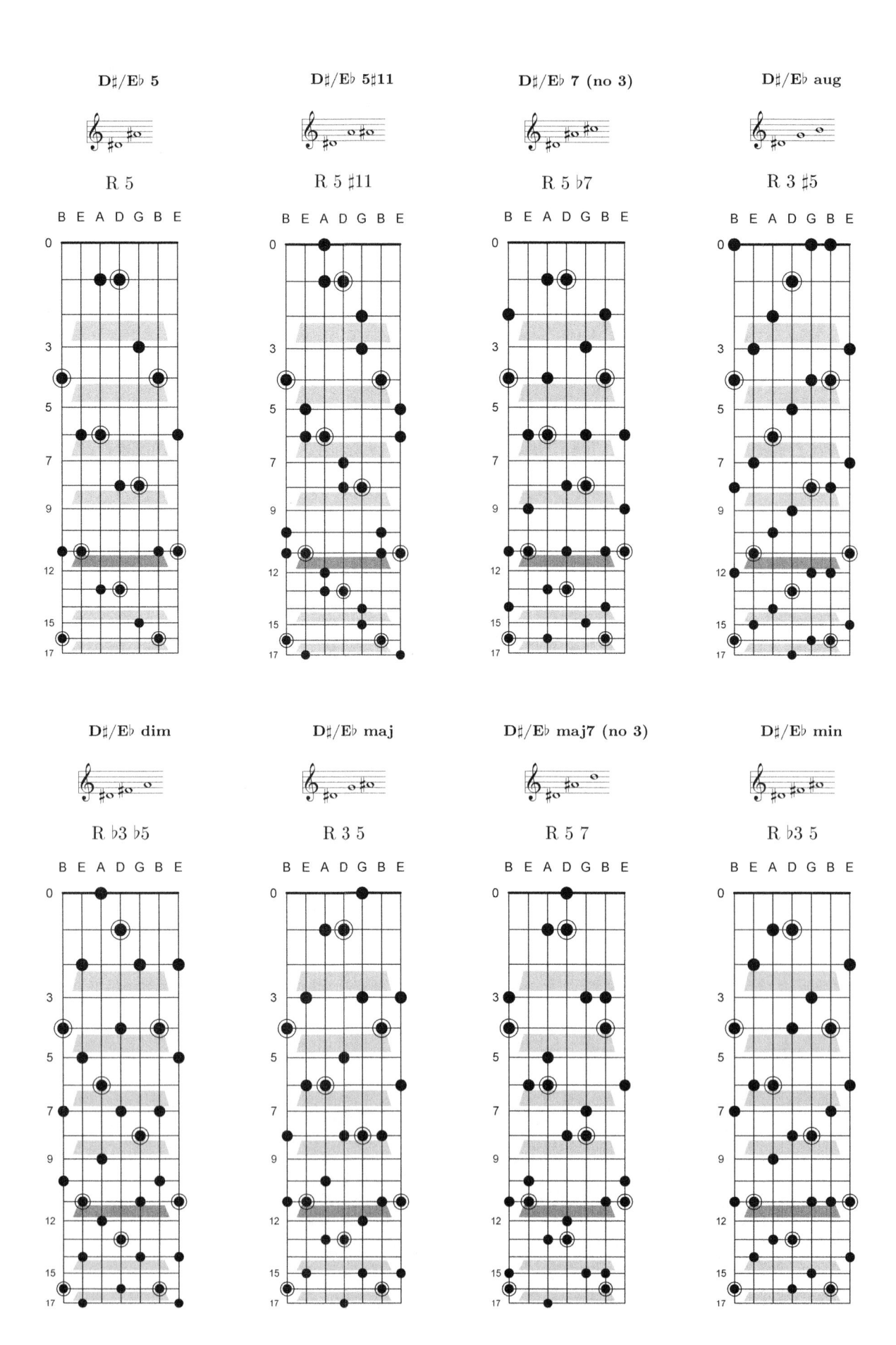

D♯/E♭ 5♯11
R 5 ♯11

D♯/E♭ 7 (no 3)
R 5 ♭7

D♯/E♭ aug
R 3 ♯5

D♯/E♭ dim
R ♭3 ♭5

D♯/E♭ maj
R 3 5

D♯/E♭ maj7 (no 3)
R 5 7

D♯/E♭ min
R ♭3 5

D♯/E♭ sus2
R 2 5

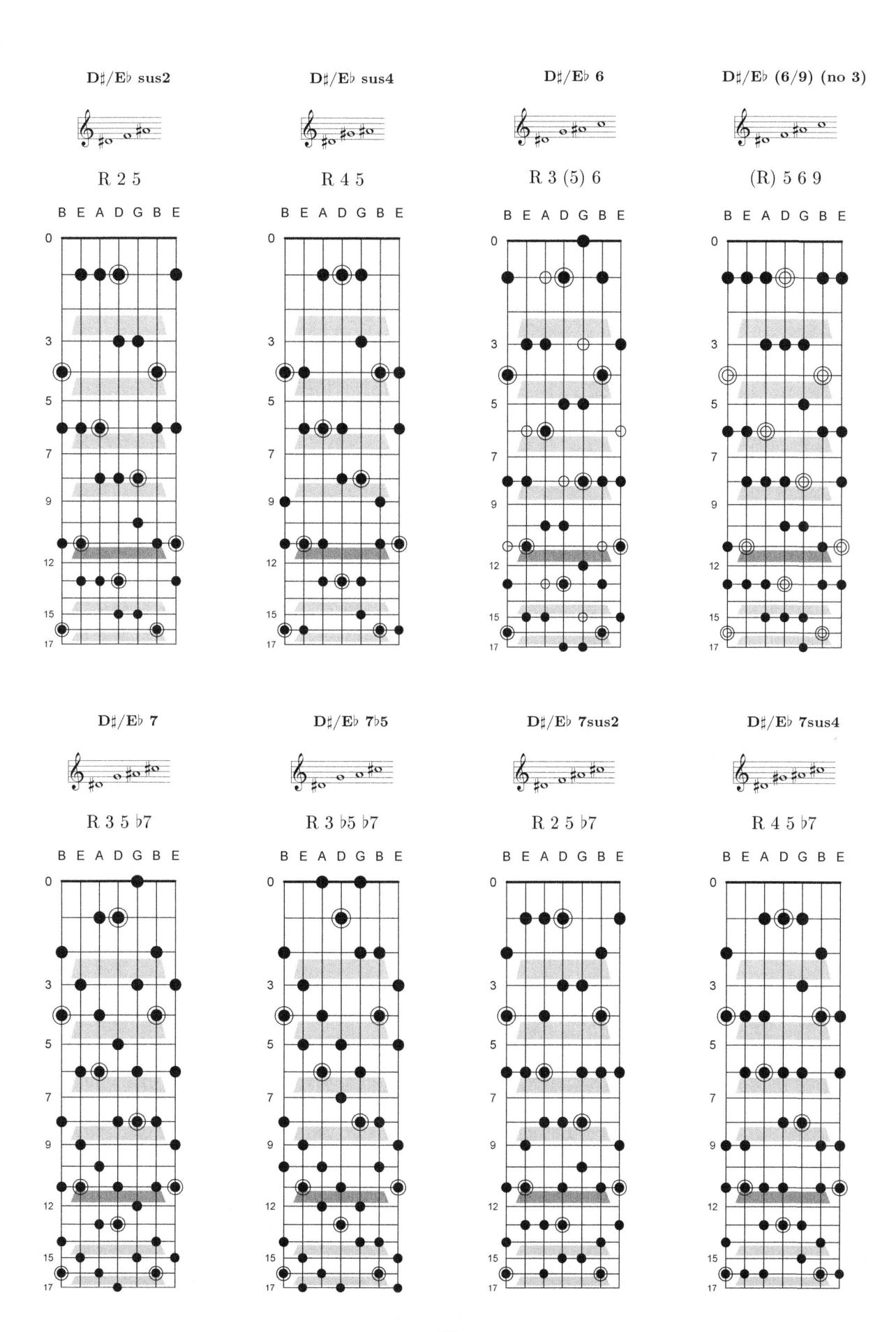

D♯/E♭ sus4
R 4 5

D♯/E♭ 6
R 3 (5) 6

D♯/E♭ (6/9) (no 3)
(R) 5 6 9

D♯/E♭ 7
R 3 5 ♭7

D♯/E♭ 7♭5
R 3 ♭5 ♭7

D♯/E♭ 7sus2
R 2 5 ♭7

D♯/E♭ 7sus4
R 4 5 ♭7

D♯/E♭ add9
(R) 3 5 9

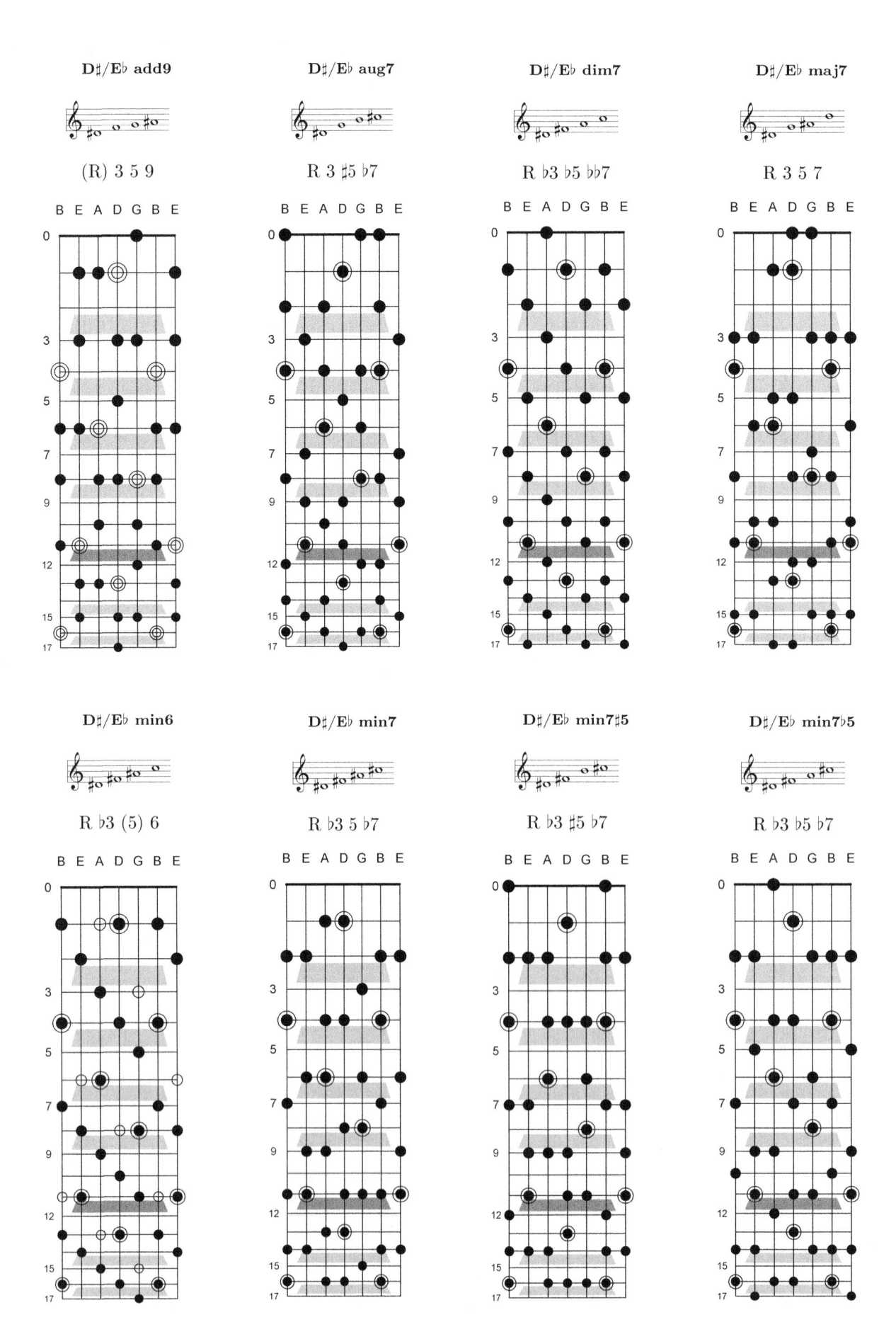

D♯/E♭ aug7
R 3 ♯5 ♭7

D♯/E♭ dim7
R ♭3 ♭5 ♭♭7

D♯/E♭ maj7
R 3 5 7

D♯/E♭ min6
R ♭3 (5) 6

D♯/E♭ min7
R ♭3 5 ♭7

D♯/E♭ min7♯5
R ♭3 ♯5 ♭7

D♯/E♭ min7♭5
R ♭3 ♭5 ♭7

D♯/E♭ min(maj7)
R ♭3 5 7

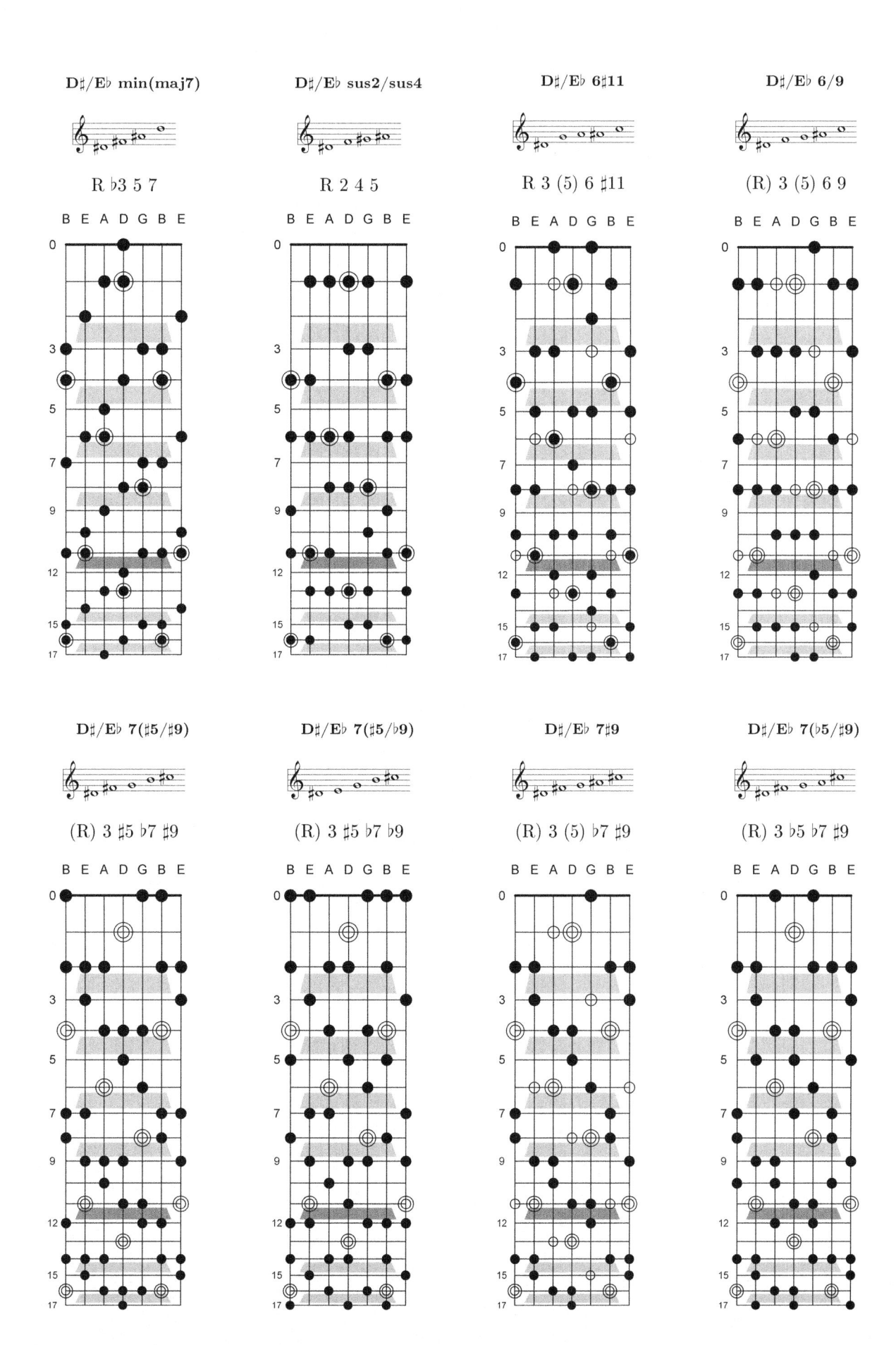

D♯/E♭ sus2/sus4
R 2 4 5

D♯/E♭ 6♯11
R 3 (5) 6 ♯11

D♯/E♭ 6/9
(R) 3 (5) 6 9

D♯/E♭ 7(♯5/♯9)
(R) 3 ♯5 ♭7 ♯9

D♯/E♭ 7(♯5/♭9)
(R) 3 ♯5 ♭7 ♭9

D♯/E♭ 7♯9
(R) 3 (5) ♭7 ♯9

D♯/E♭ 7(♭5/♯9)
(R) 3 ♭5 ♭7 ♯9

D♯/E♭ 7(♭5/♭9)
(R) 3 ♭5 ♭7 ♭9

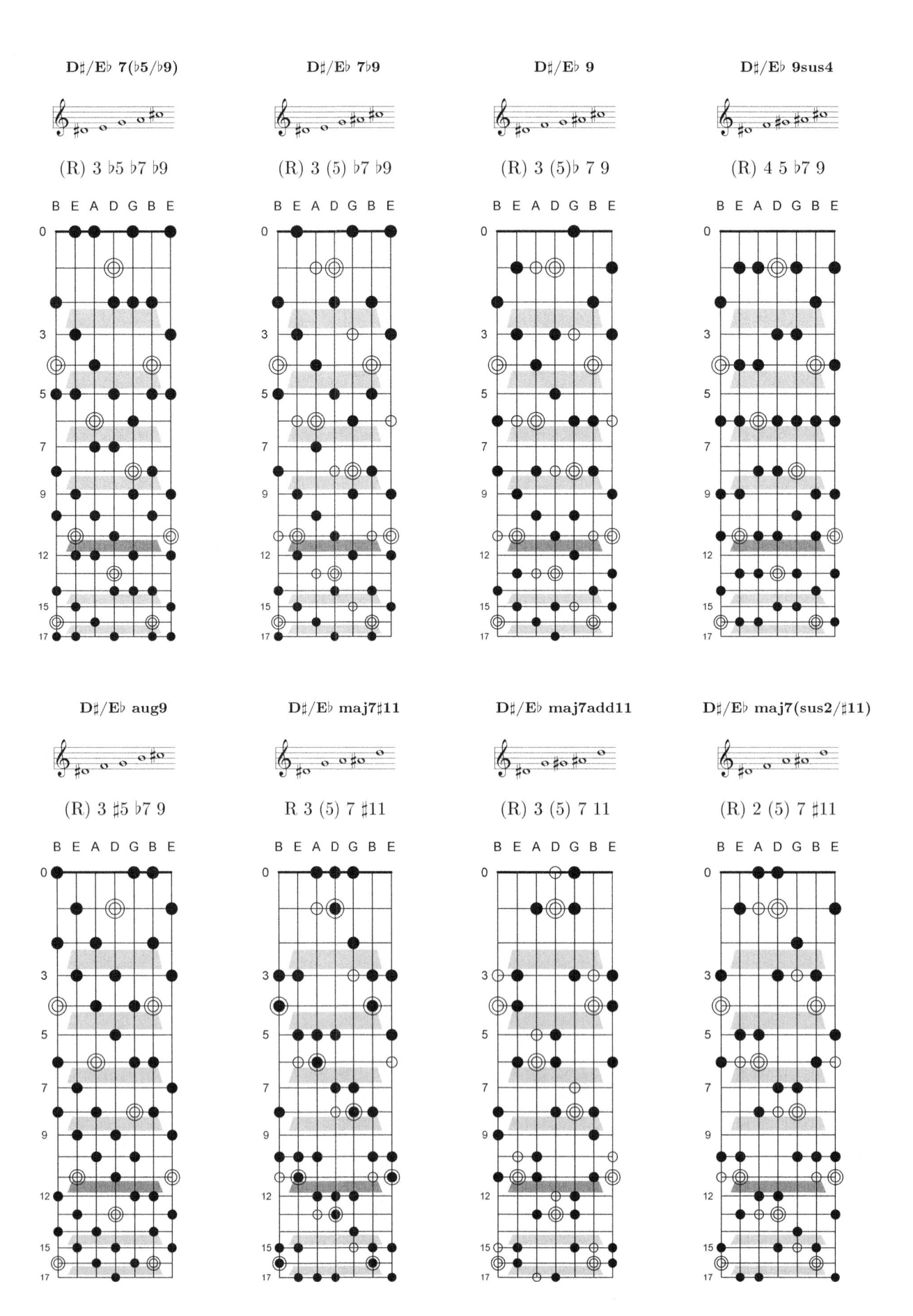

D♯/E♭ 7♭9
(R) 3 (5) ♭7 ♭9

D♯/E♭ 9
(R) 3 (5) ♭7 9

D♯/E♭ 9sus4
(R) 4 5 ♭7 9

D♯/E♭ aug9
(R) 3 ♯5 ♭7 9

D♯/E♭ maj7♯11
R 3 (5) 7 ♯11

D♯/E♭ maj7add11
(R) 3 (5) 7 11

D♯/E♭ maj7(sus2/♯11)
(R) 2 (5) 7 ♯11

D♯/E♭ maj9
(R) 3 (5) 7 9

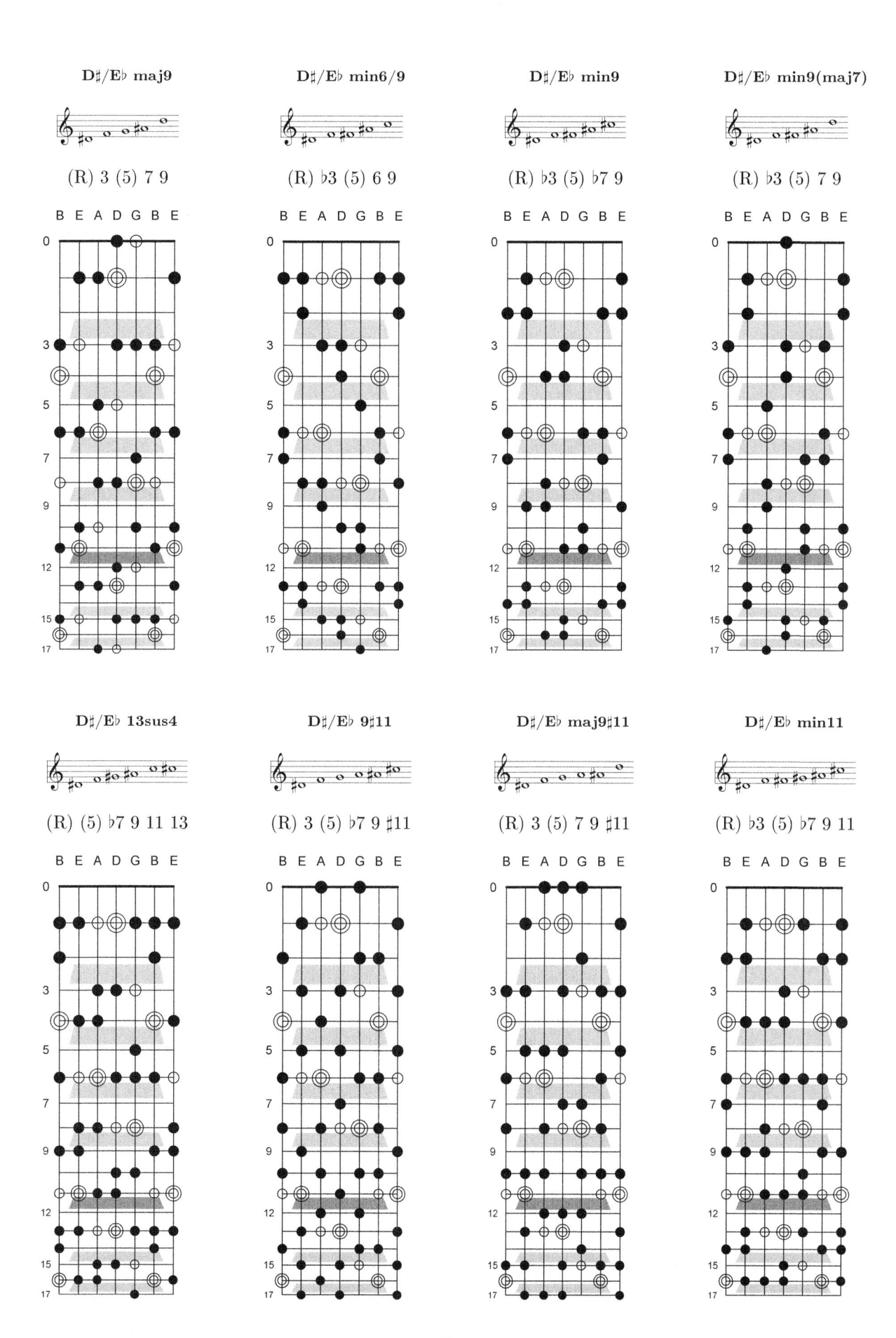

D♯/E♭ min6/9
(R) ♭3 (5) 6 9

D♯/E♭ min9
(R) ♭3 (5) ♭7 9

D♯/E♭ min9(maj7)
(R) ♭3 (5) 7 9

D♯/E♭ 13sus4
(R) (5) ♭7 9 11 13

D♯/E♭ 9♯11
(R) 3 (5) ♭7 9 ♯11

D♯/E♭ maj9♯11
(R) 3 (5) 7 9 ♯11

D♯/E♭ min11
(R) ♭3 (5) ♭7 9 11

D♯/E♭ 13
(R) 3 (5) ♭7 9 11 13

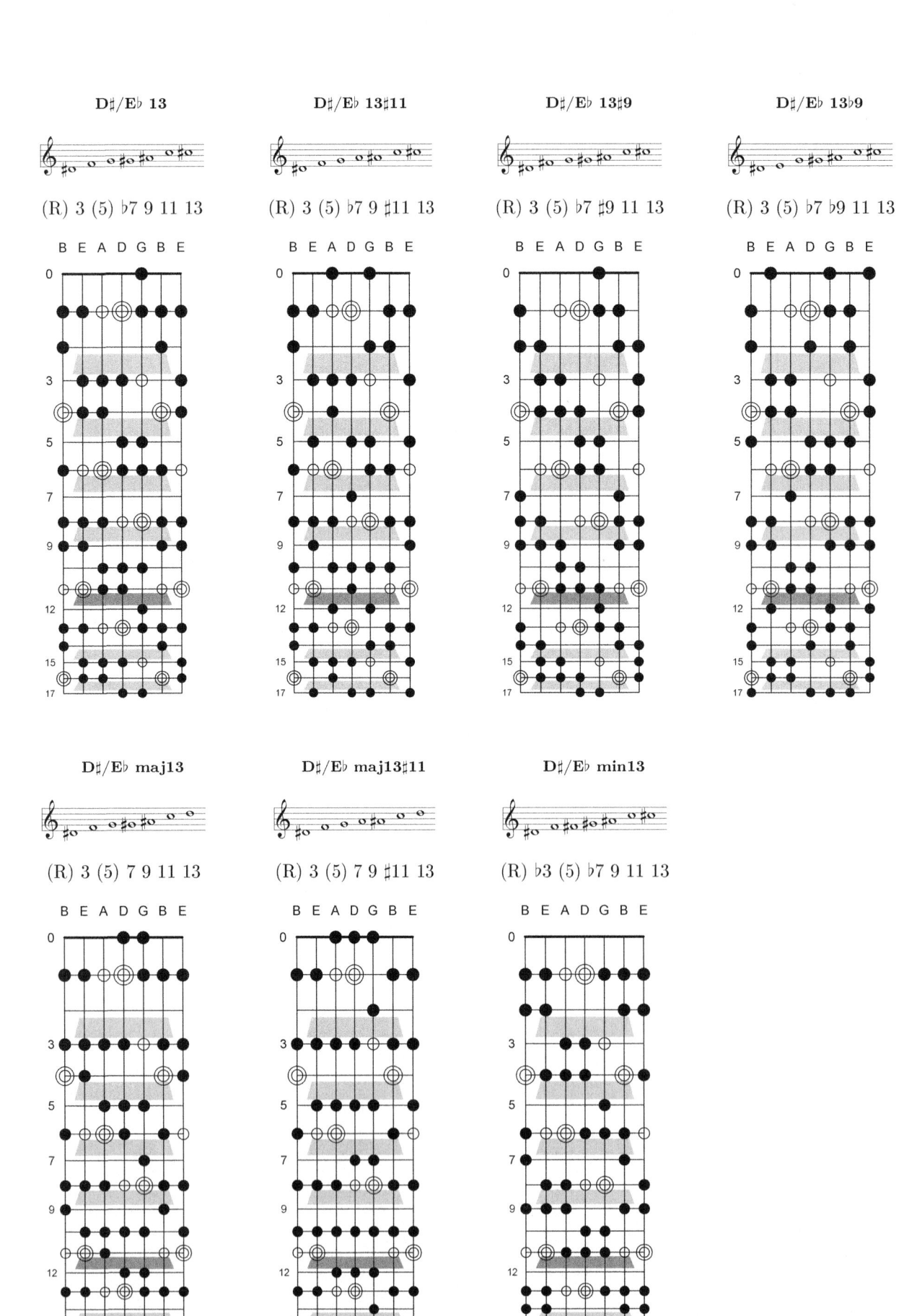

D♯/E♭ 13♯11
(R) 3 (5) ♭7 9 ♯11 13

D♯/E♭ 13♯9
(R) 3 (5) ♭7 ♯9 11 13

D♯/E♭ 13♭9
(R) 3 (5) ♭7 ♭9 11 13

D♯/E♭ maj13
(R) 3 (5) 7 9 11 13

D♯/E♭ maj13♯11
(R) 3 (5) 7 9 ♯11 13

D♯/E♭ min13
(R) ♭3 (5) ♭7 9 11 13

E 5
R 5

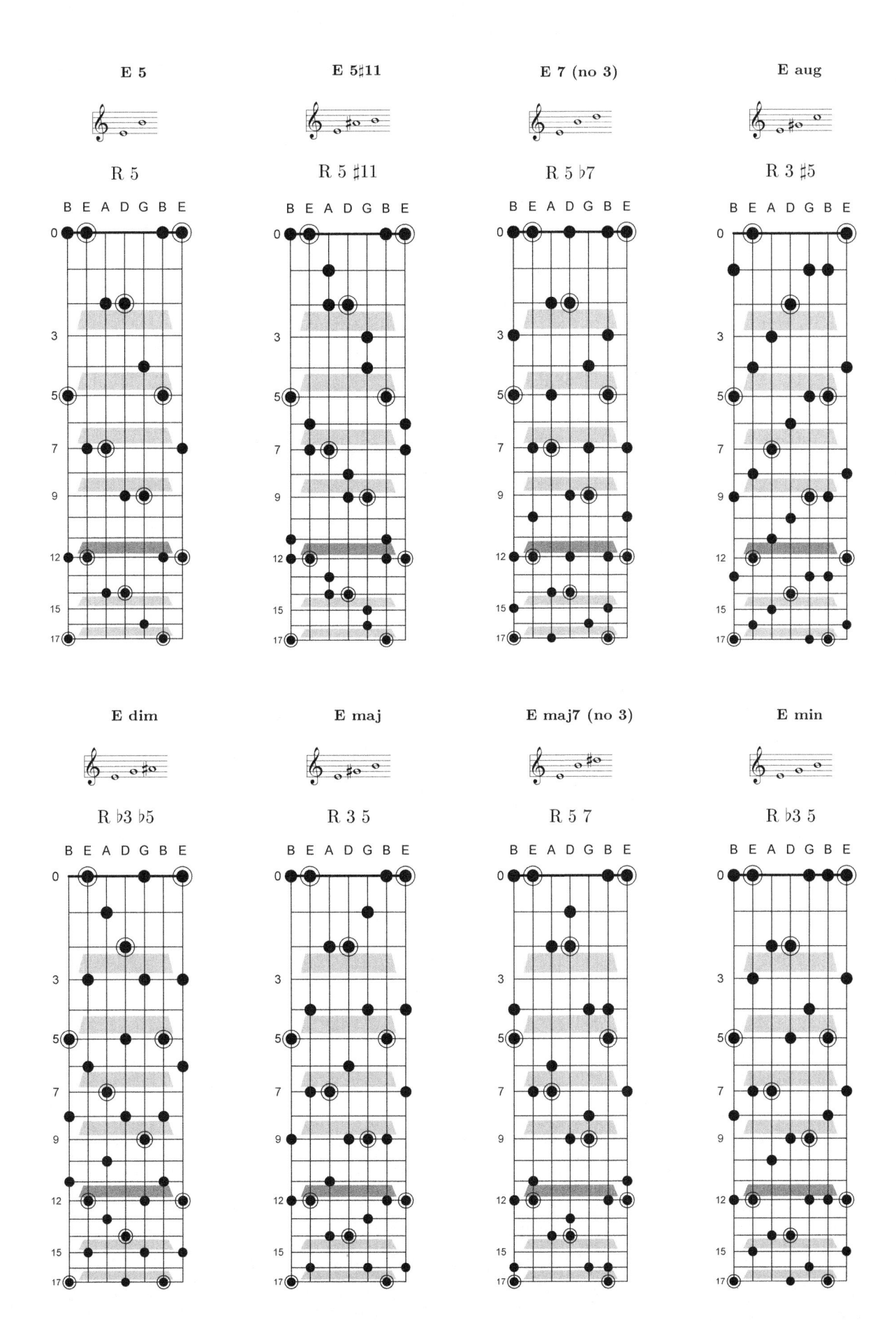

E 5♯11
R 5 ♯11

E 7 (no 3)
R 5 ♭7

E aug
R 3 ♯5

E dim
R ♭3 ♭5

E maj
R 3 5

E maj7 (no 3)
R 5 7

E min
R ♭3 5

E sus2
R 2 5

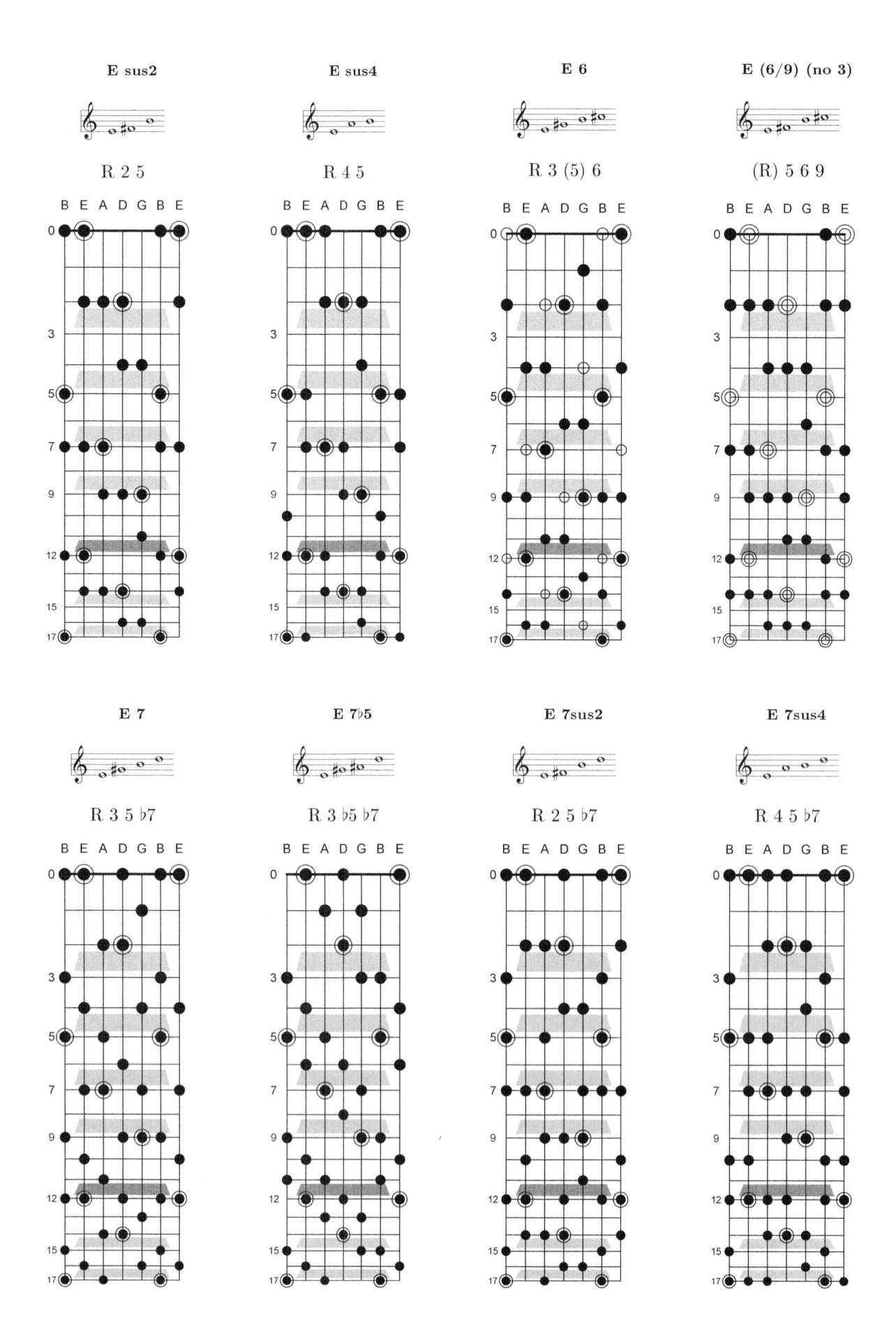

E sus4
R 4 5

E 6
R 3 (5) 6

E (6/9) (no 3)
(R) 5 6 9

E 7
R 3 5 b7

E 7b5
R 3 b5 b7

E 7sus2
R 2 5 b7

E 7sus4
R 4 5 b7

E add9	E aug7	E dim7	E maj7
(R) 3 5 9	R 3 ♯5 ♭7	R ♭3 ♭5 ♭♭7	R 3 5 7

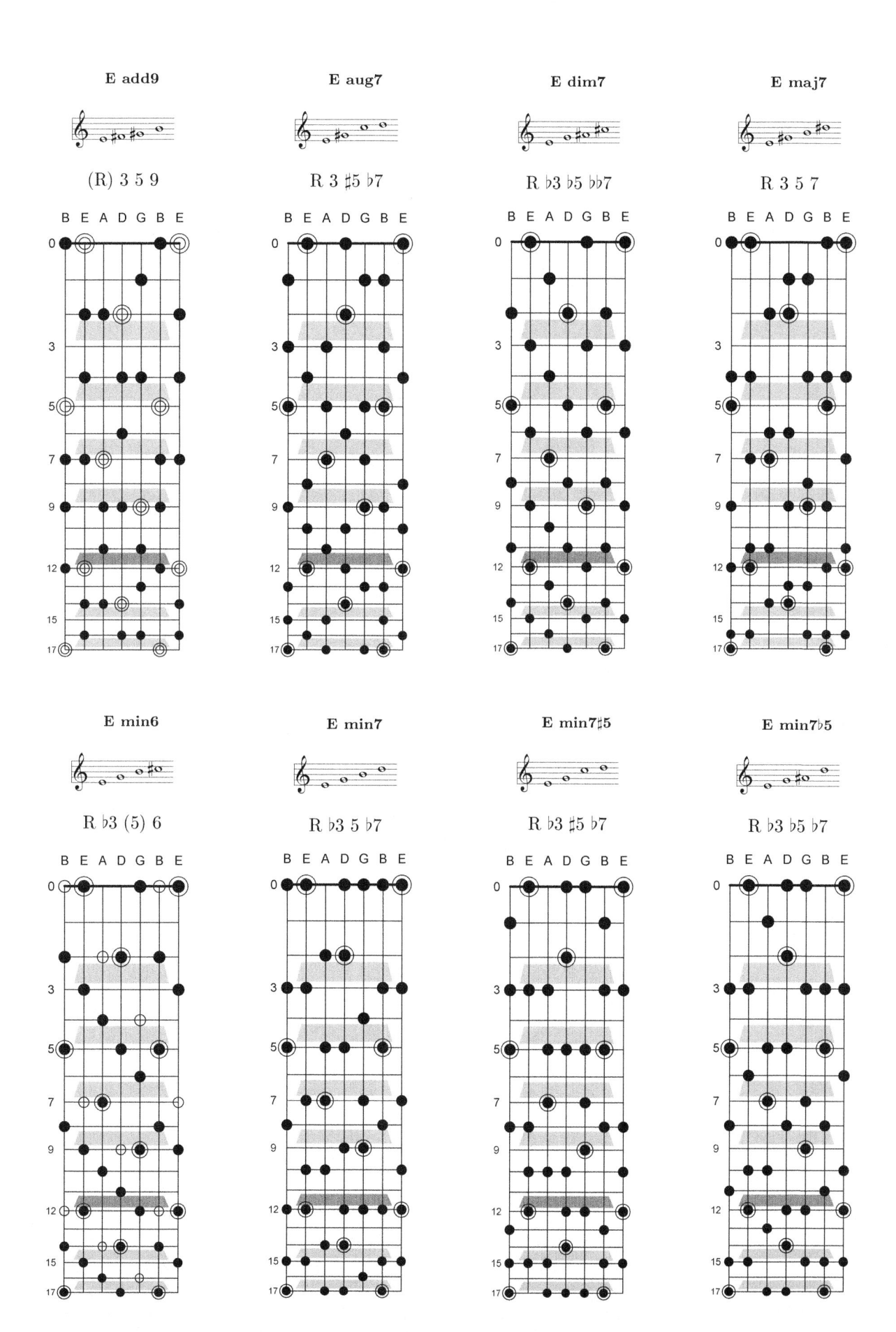

E min6	E min7	E min7♯5	E min7♭5
R ♭3 (5) 6	R ♭3 5 ♭7	R ♭3 ♯5 ♭7	R ♭3 ♭5 ♭7

E min(maj7)
R ♭3 5 7

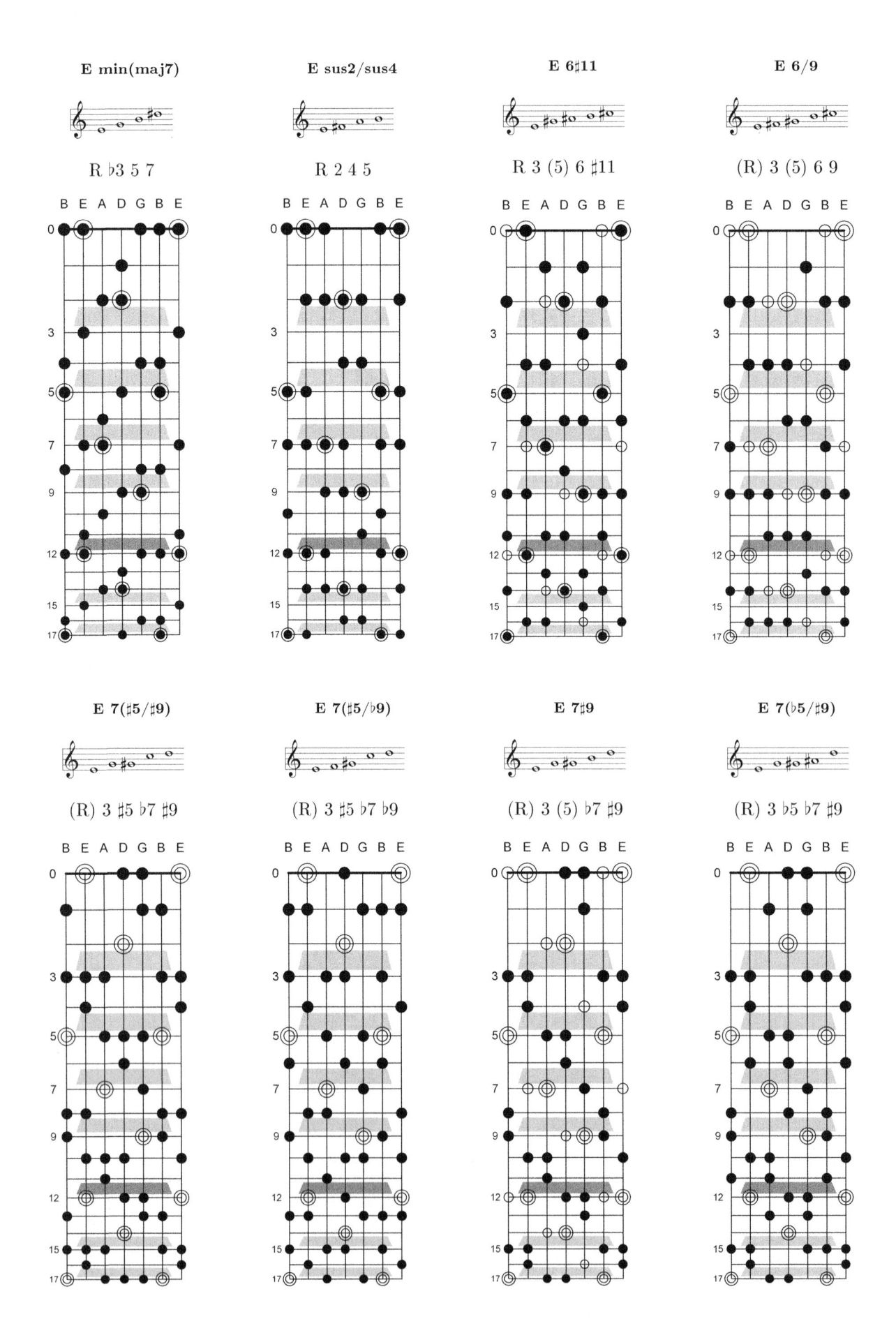

E sus2/sus4
R 2 4 5

E 6♯11
R 3 (5) 6 ♯11

E 6/9
(R) 3 (5) 6 9

E 7(♯5/♯9)
(R) 3 ♯5 ♭7 ♯9

E 7(♯5/♭9)
(R) 3 ♯5 ♭7 ♭9

E 7♯9
(R) 3 (5) ♭7 ♯9

E 7(♭5/♯9)
(R) 3 ♭5 ♭7 ♯9

E 7(♭5/♭9)
(R) 3 ♭5 ♭7 ♭9

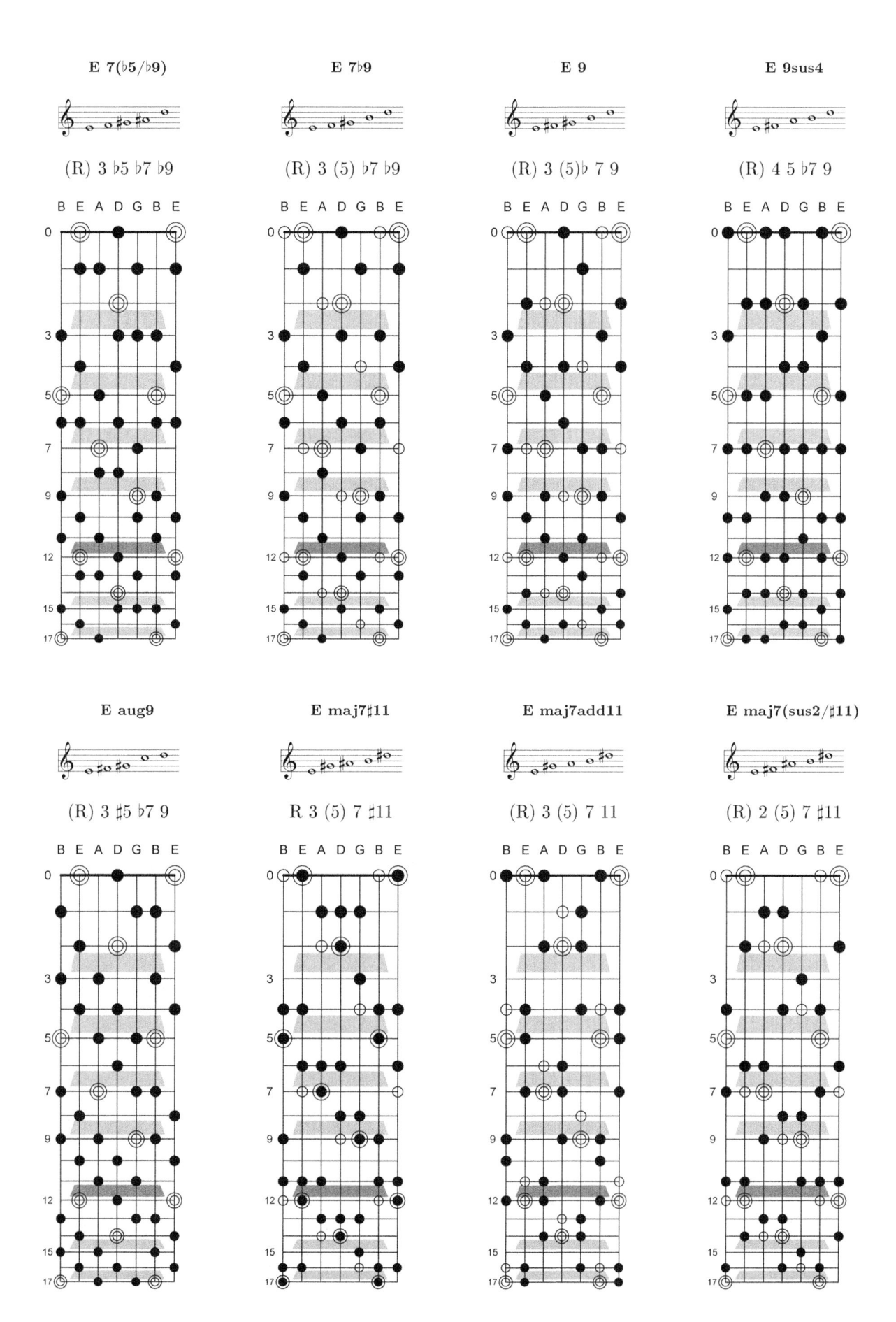

E 7♭9
(R) 3 (5) ♭7 ♭9

E 9
(R) 3 (5) ♭7 9

E 9sus4
(R) 4 5 ♭7 9

E aug9
(R) 3 ♯5 ♭7 9

E maj7♯11
R 3 (5) 7 ♯11

E maj7add11
(R) 3 (5) 7 11

E maj7(sus2/♯11)
(R) 2 (5) 7 ♯11

E maj9

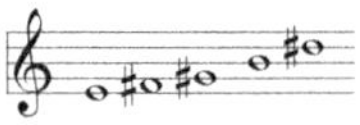

(R) 3 (5) 7 9

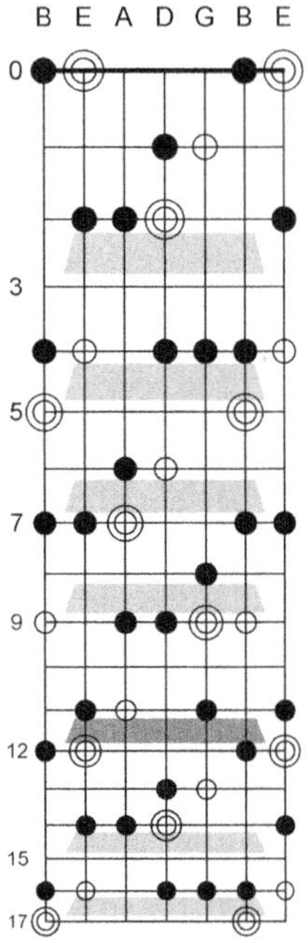

E min6/9

(R) ♭3 (5) 6 9

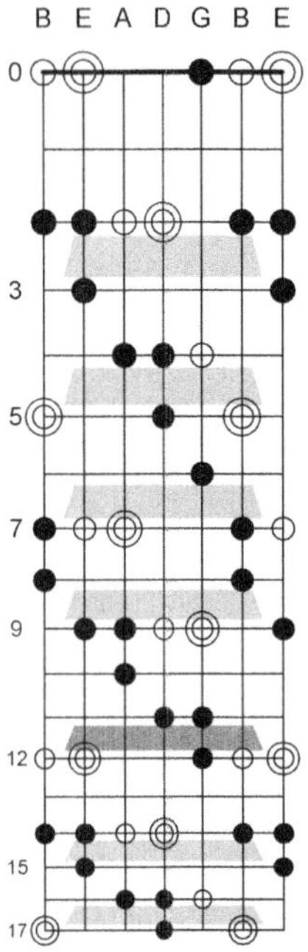

E min9

(R) ♭3 (5) ♭7 9

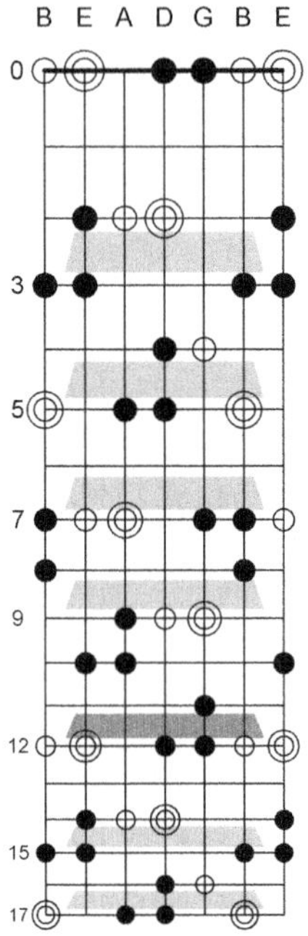

E min9(maj7)

(R) ♭3 (5) 7 9

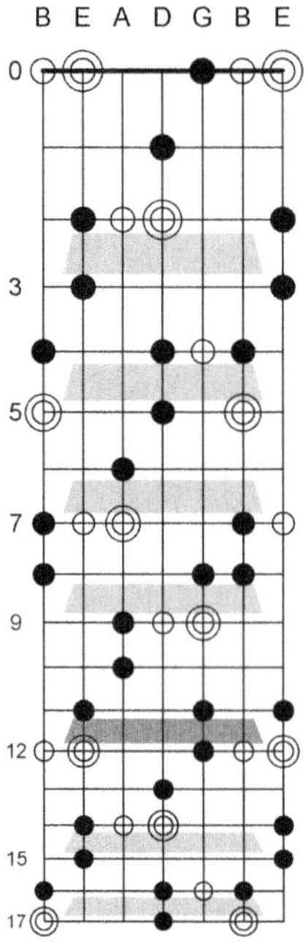

E 13sus4

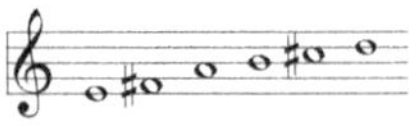

(R) (5) ♭7 9 11 13

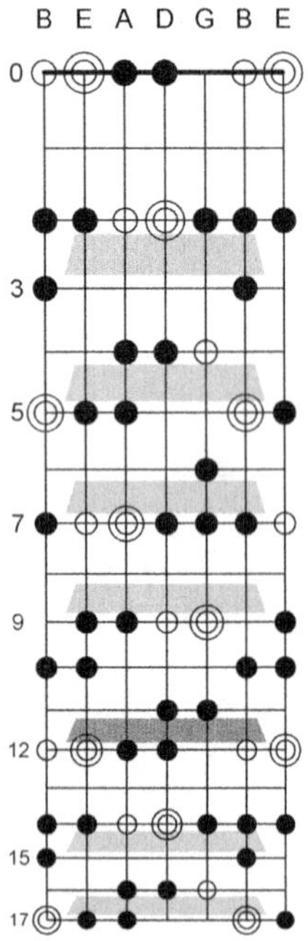

E 9♯11

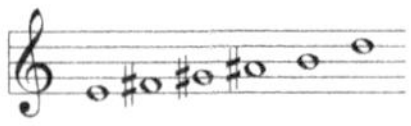

(R) 3 (5) ♭7 9 ♯11

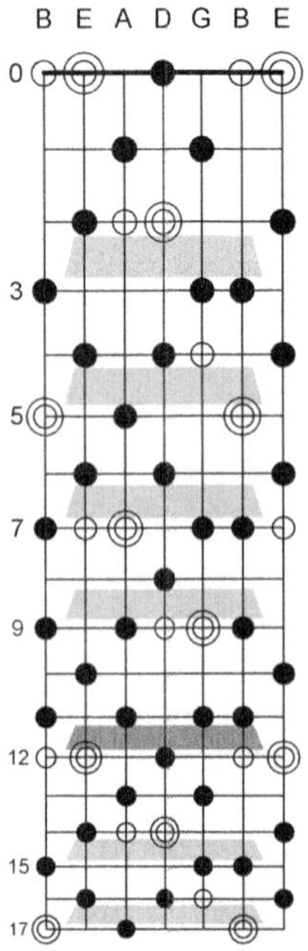

E maj9♯11

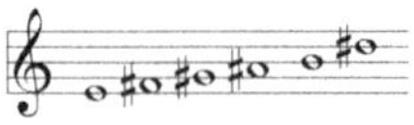

(R) 3 (5) 7 9 ♯11

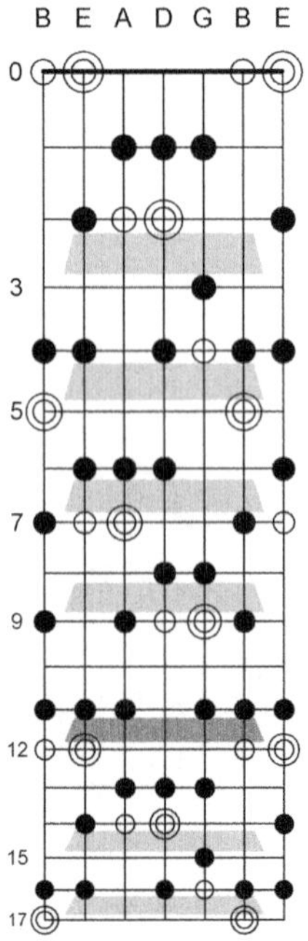

E min11

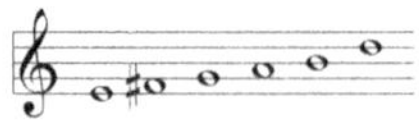

(R) ♭3 (5) ♭7 9 11

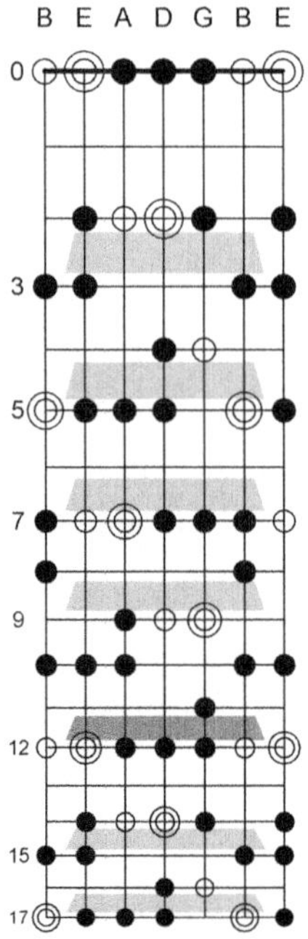

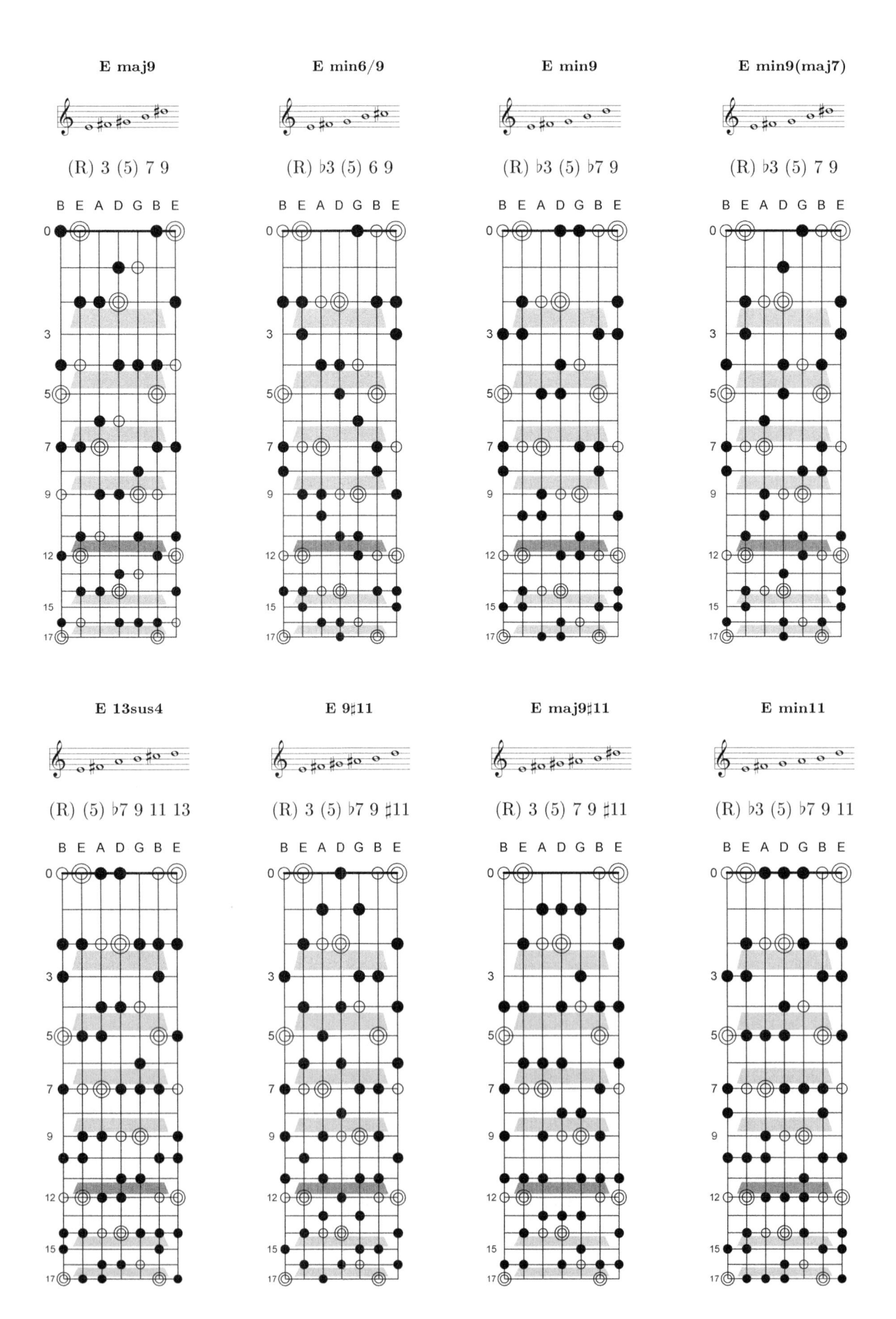

E 13
(R) 3 (5) ♭7 9 11 13

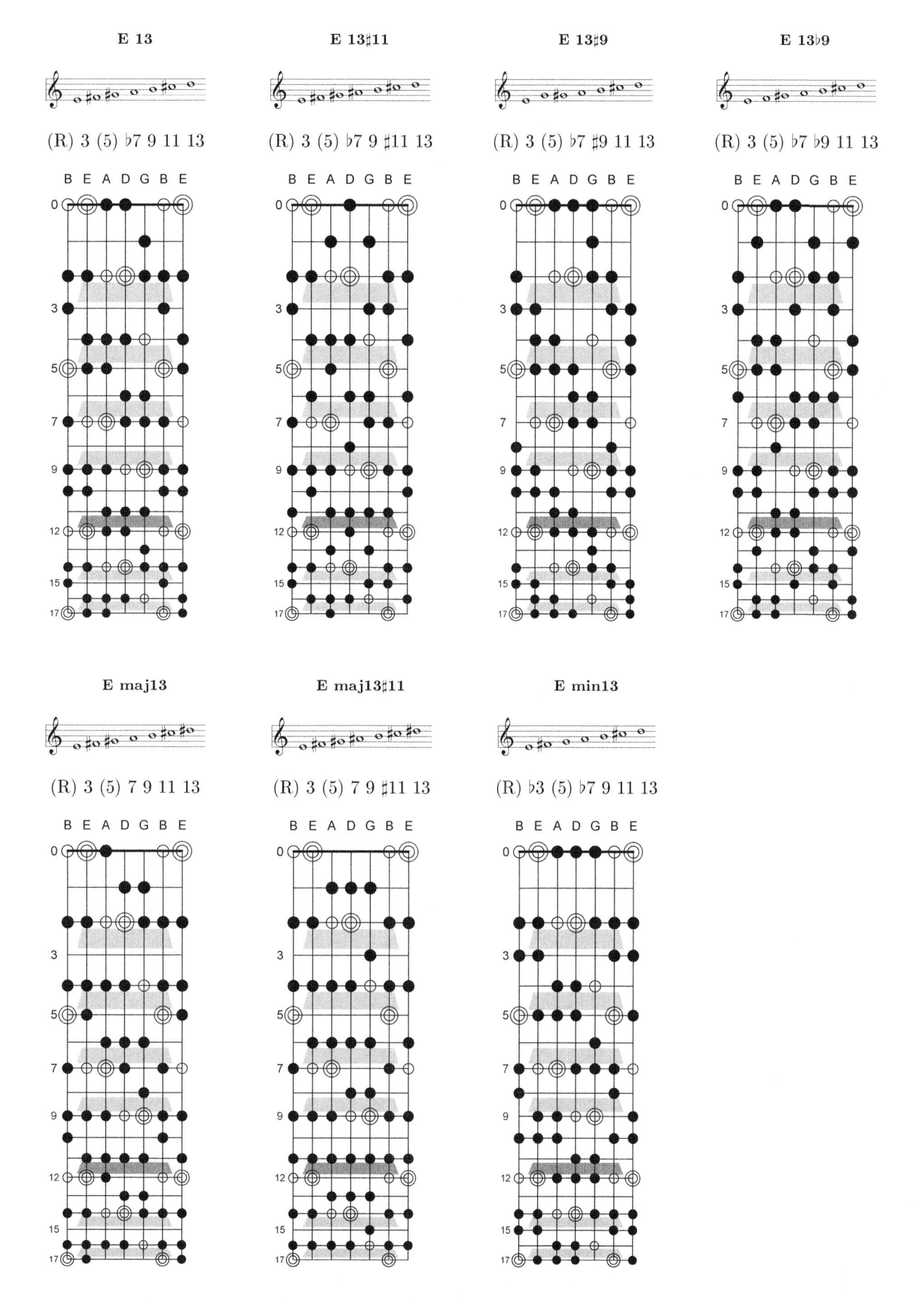

E 13♯11
(R) 3 (5) ♭7 9 ♯11 13

E 13♯9
(R) 3 (5) ♭7 ♯9 11 13

E 13♭9
(R) 3 (5) ♭7 ♭9 11 13

E maj13
(R) 3 (5) 7 9 11 13

E maj13♯11
(R) 3 (5) 7 9 ♯11 13

E min13
(R) ♭3 (5) ♭7 9 11 13

F 5
R 5

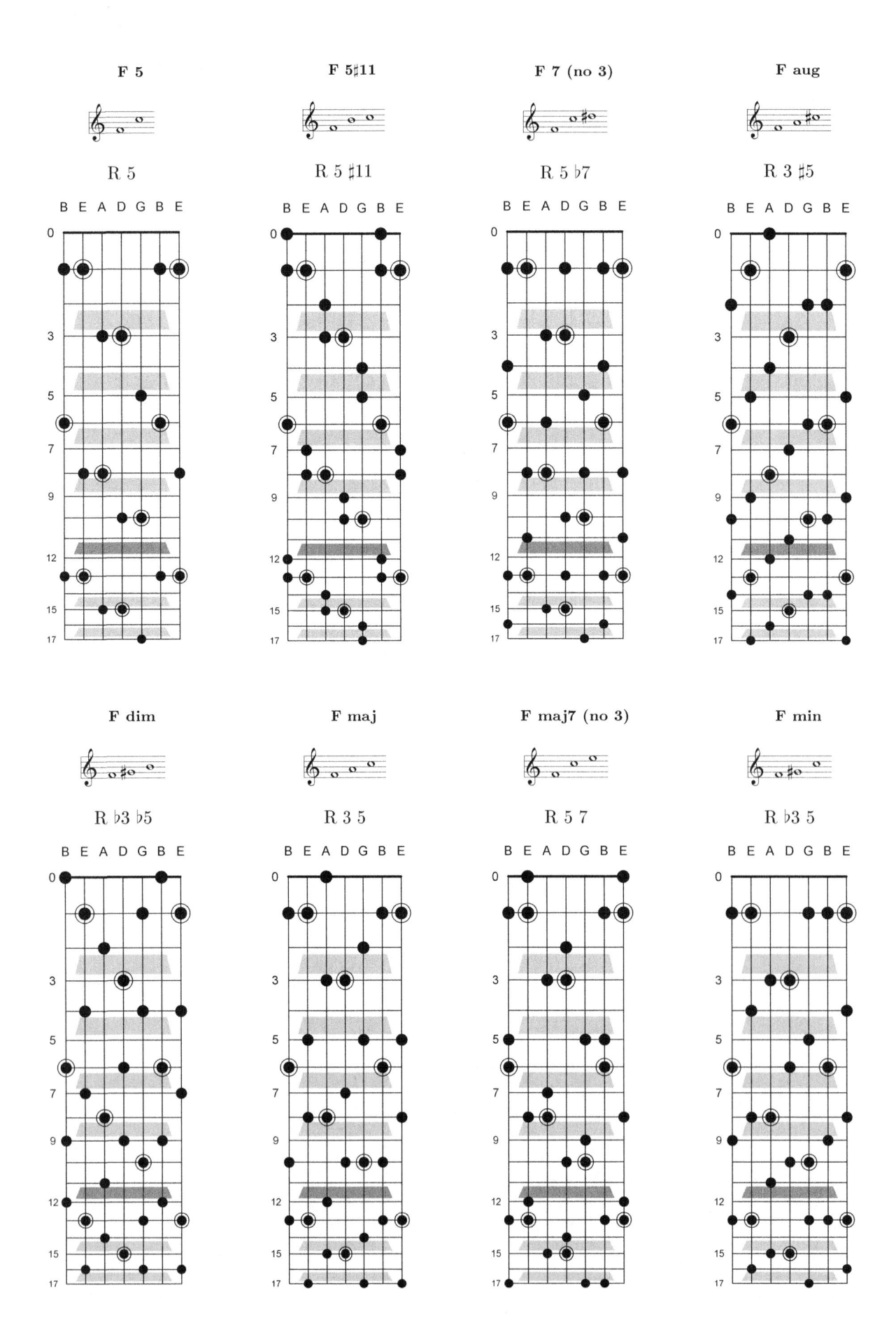

F 5♯11
R 5 ♯11

F 7 (no 3)
R 5 ♭7

F aug
R 3 ♯5

F dim
R ♭3 ♭5

F maj
R 3 5

F maj7 (no 3)
R 5 7

F min
R ♭3 5

F sus2
R 2 5

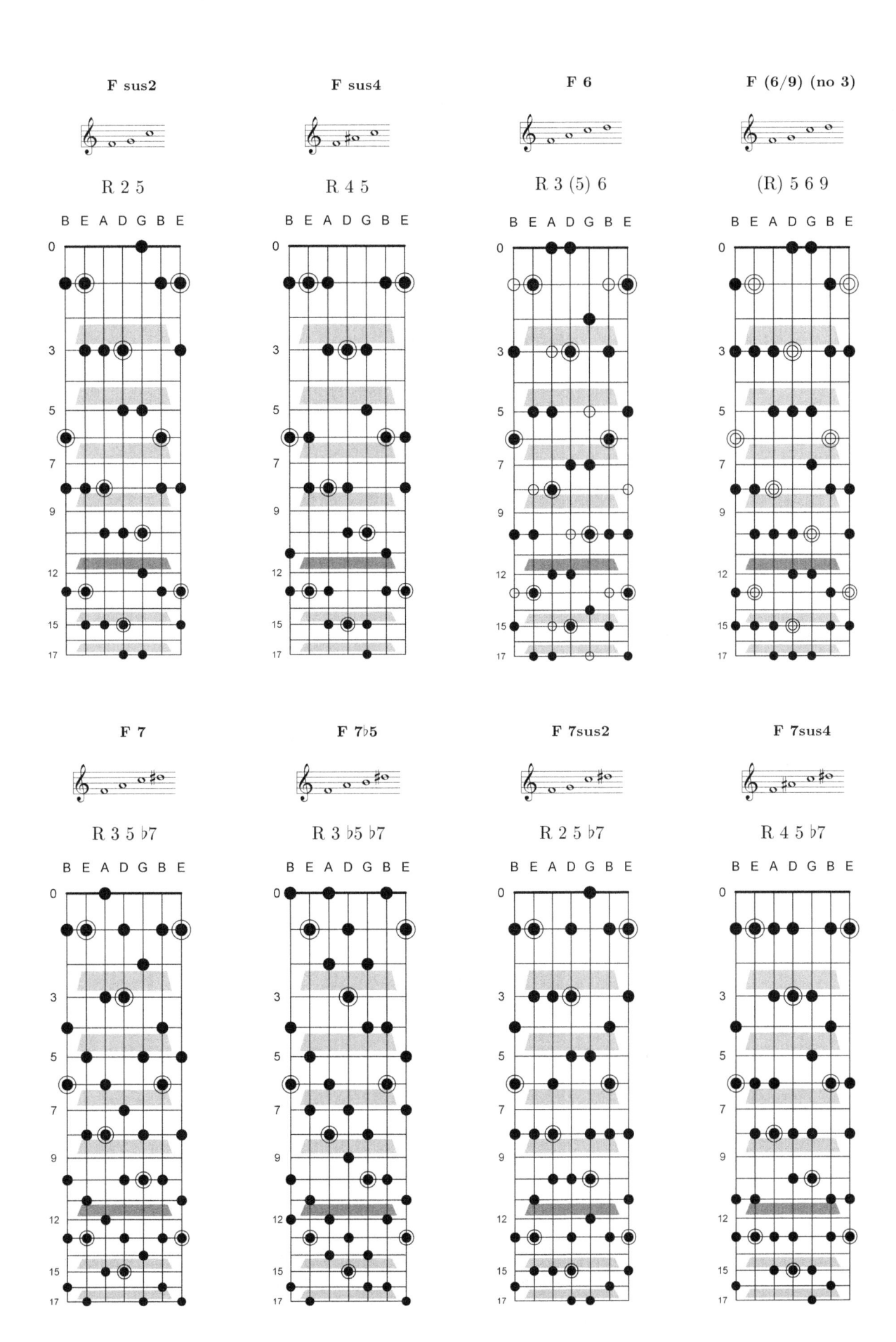

F sus4
R 4 5

F 6
R 3 (5) 6

F (6/9) (no 3)
(R) 5 6 9

F 7
R 3 5 ♭7

F 7♭5
R 3 ♭5 ♭7

F 7sus2
R 2 5 ♭7

F 7sus4
R 4 5 ♭7

F add9
(R) 3 5 9

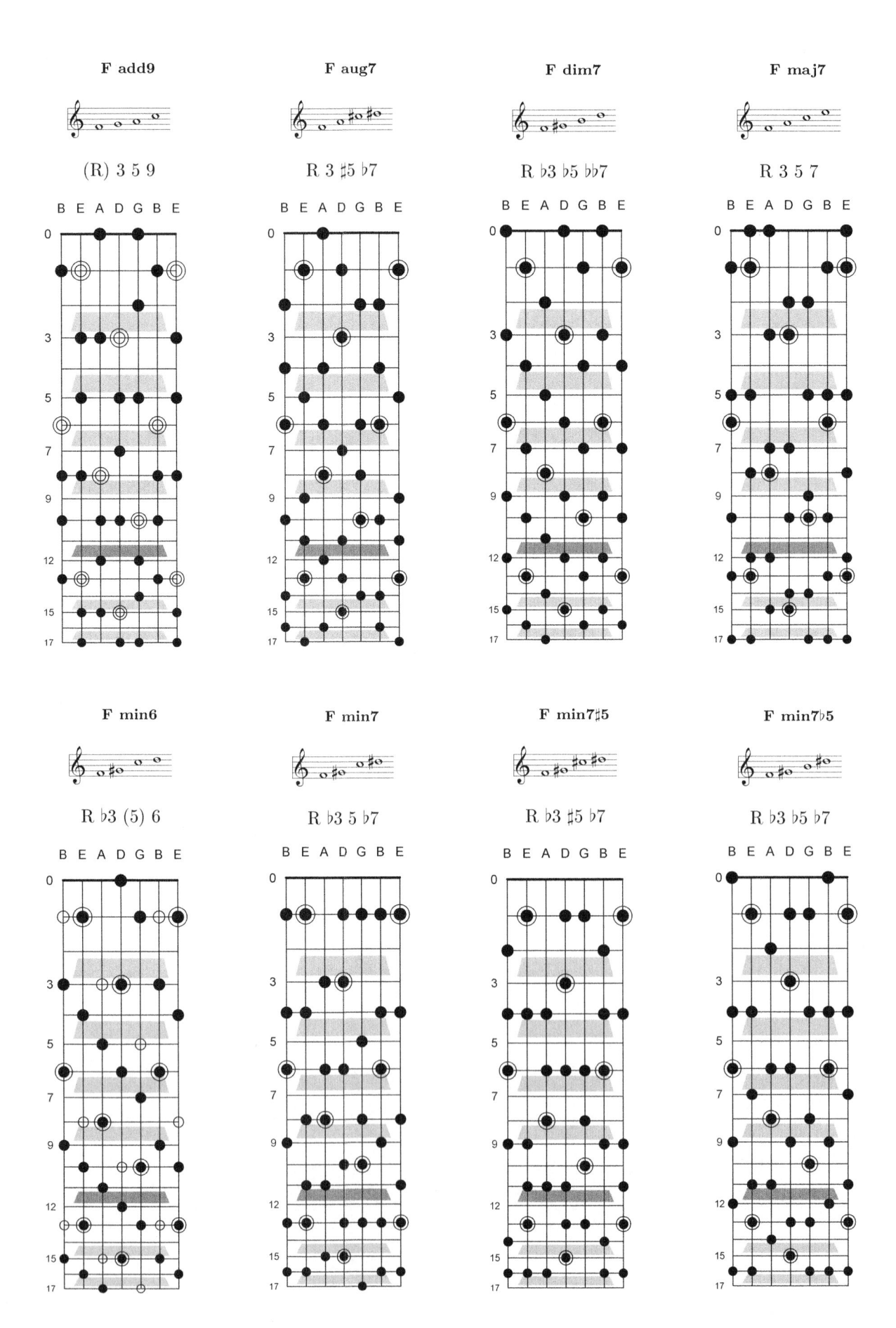

F aug7
R 3 ♯5 ♭7

F dim7
R ♭3 ♭5 ♭♭7

F maj7
R 3 5 7

F min6
R ♭3 (5) 6

F min7
R ♭3 5 ♭7

F min7♯5
R ♭3 ♯5 ♭7

F min7♭5
R ♭3 ♭5 ♭7

F min(maj7)
R ♭3 5 7

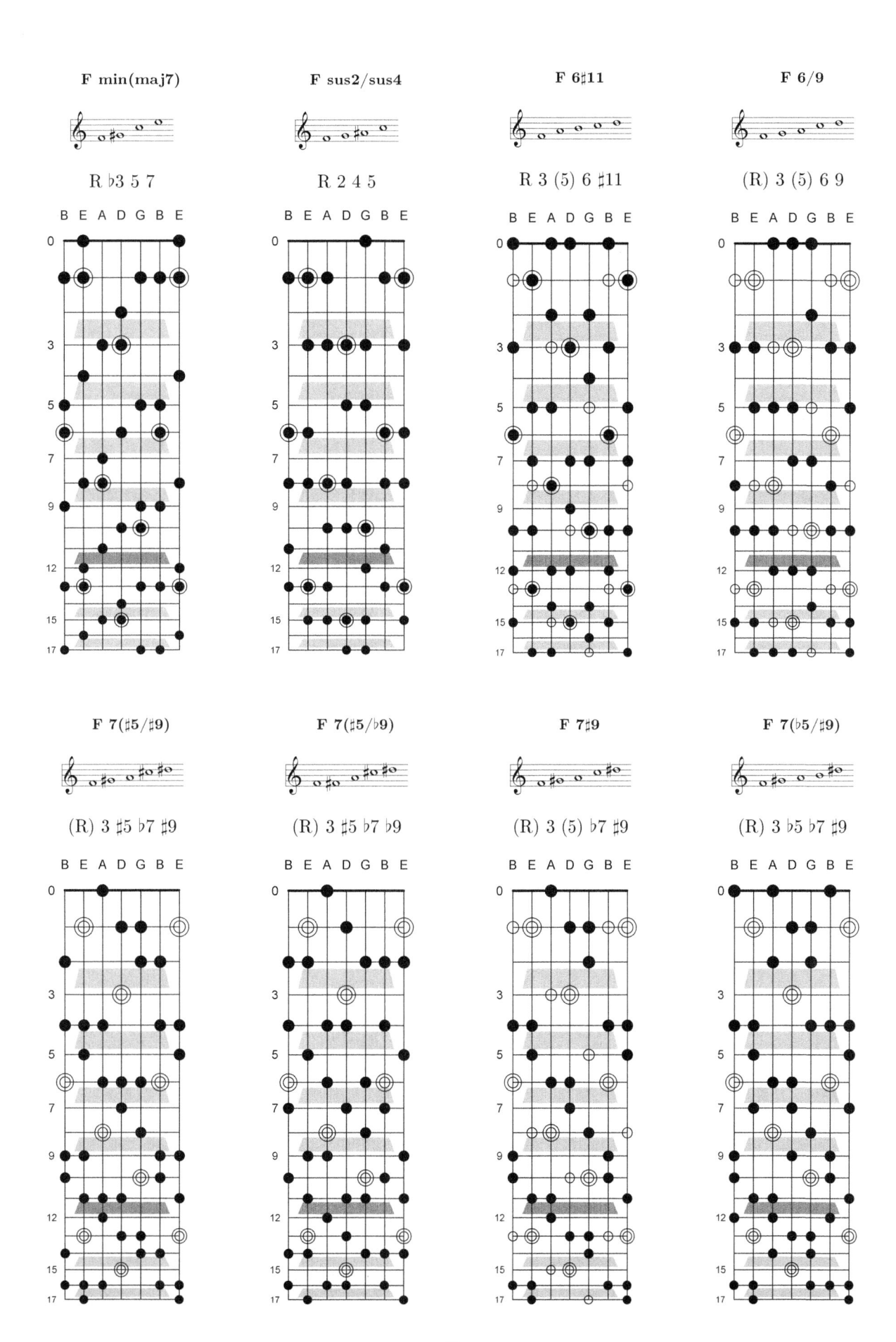

F sus2/sus4
R 2 4 5

F 6♯11
R 3 (5) 6 ♯11

F 6/9
(R) 3 (5) 6 9

F 7(♯5/♯9)
(R) 3 ♯5 ♭7 ♯9

F 7(♯5/♭9)
(R) 3 ♯5 ♭7 ♭9

F 7♯9
(R) 3 (5) ♭7 ♯9

F 7(♭5/♯9)
(R) 3 ♭5 ♭7 ♯9

F 7(♭5/♭9)
(R) 3 ♭5 ♭7 ♭9

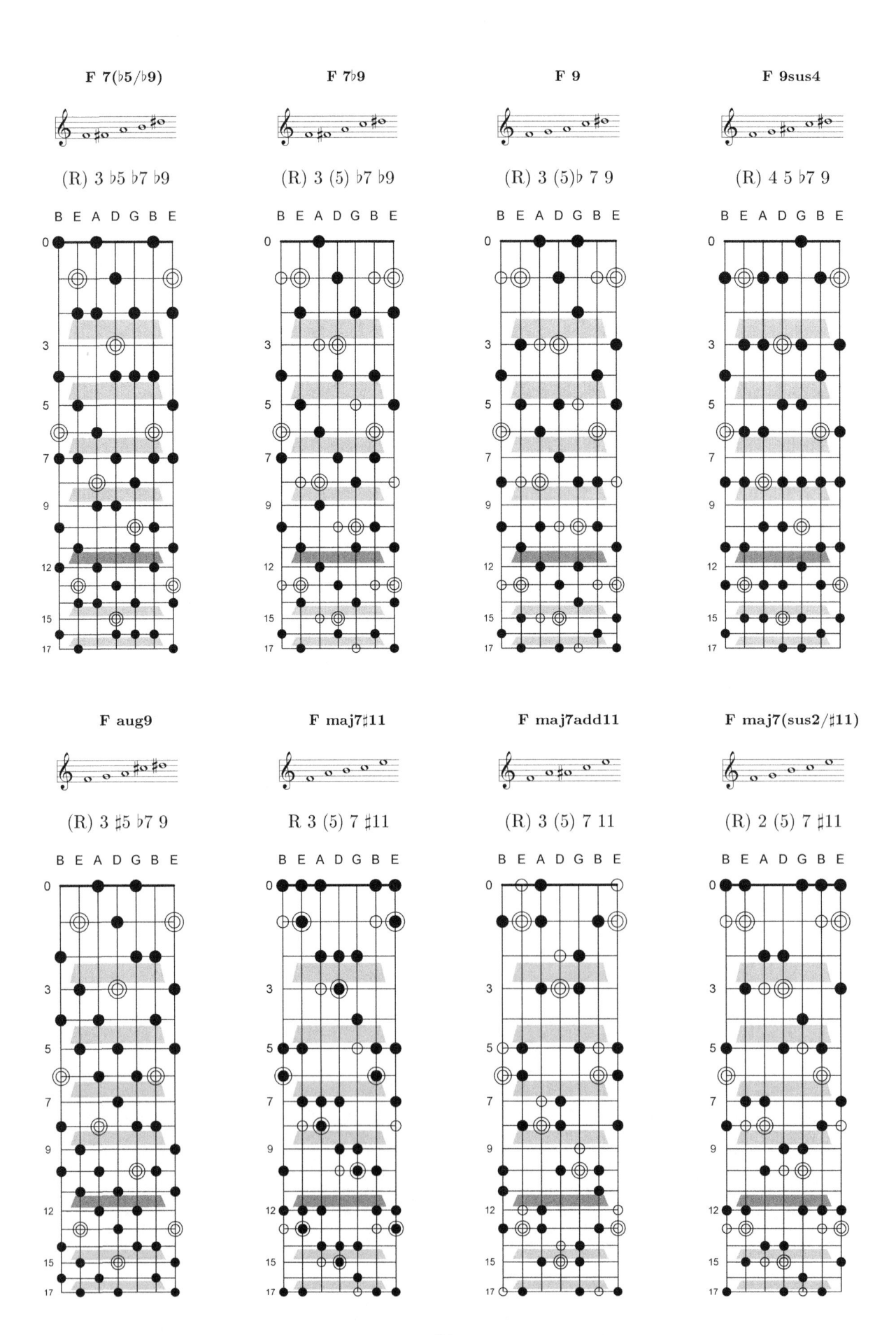

F 7♭9
(R) 3 (5) ♭7 ♭9

F 9
(R) 3 (5) ♭7 9

F 9sus4
(R) 4 5 ♭7 9

F aug9
(R) 3 ♯5 ♭7 9

F maj7♯11
R 3 (5) 7 ♯11

F maj7add11
(R) 3 (5) 7 11

F maj7(sus2/♯11)
(R) 2 (5) 7 ♯11

F maj9
(R) 3 (5) 7 9

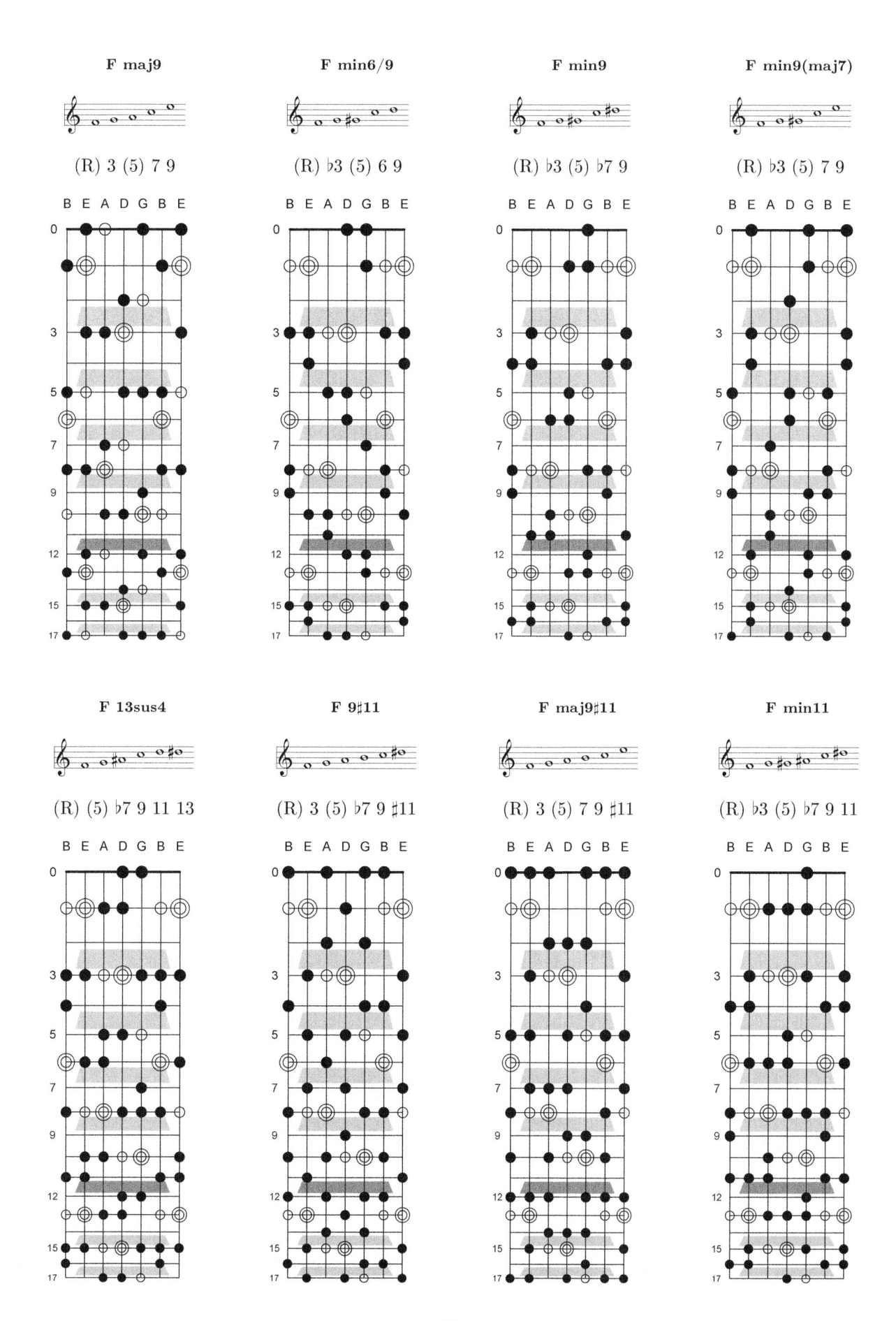

F min6/9
(R) ♭3 (5) 6 9

F min9
(R) ♭3 (5) ♭7 9

F min9(maj7)
(R) ♭3 (5) 7 9

F 13sus4
(R) (5) ♭7 9 11 13

F 9♯11
(R) 3 (5) ♭7 9 ♯11

F maj9♯11
(R) 3 (5) 7 9 ♯11

F min11
(R) ♭3 (5) ♭7 9 11

F 13

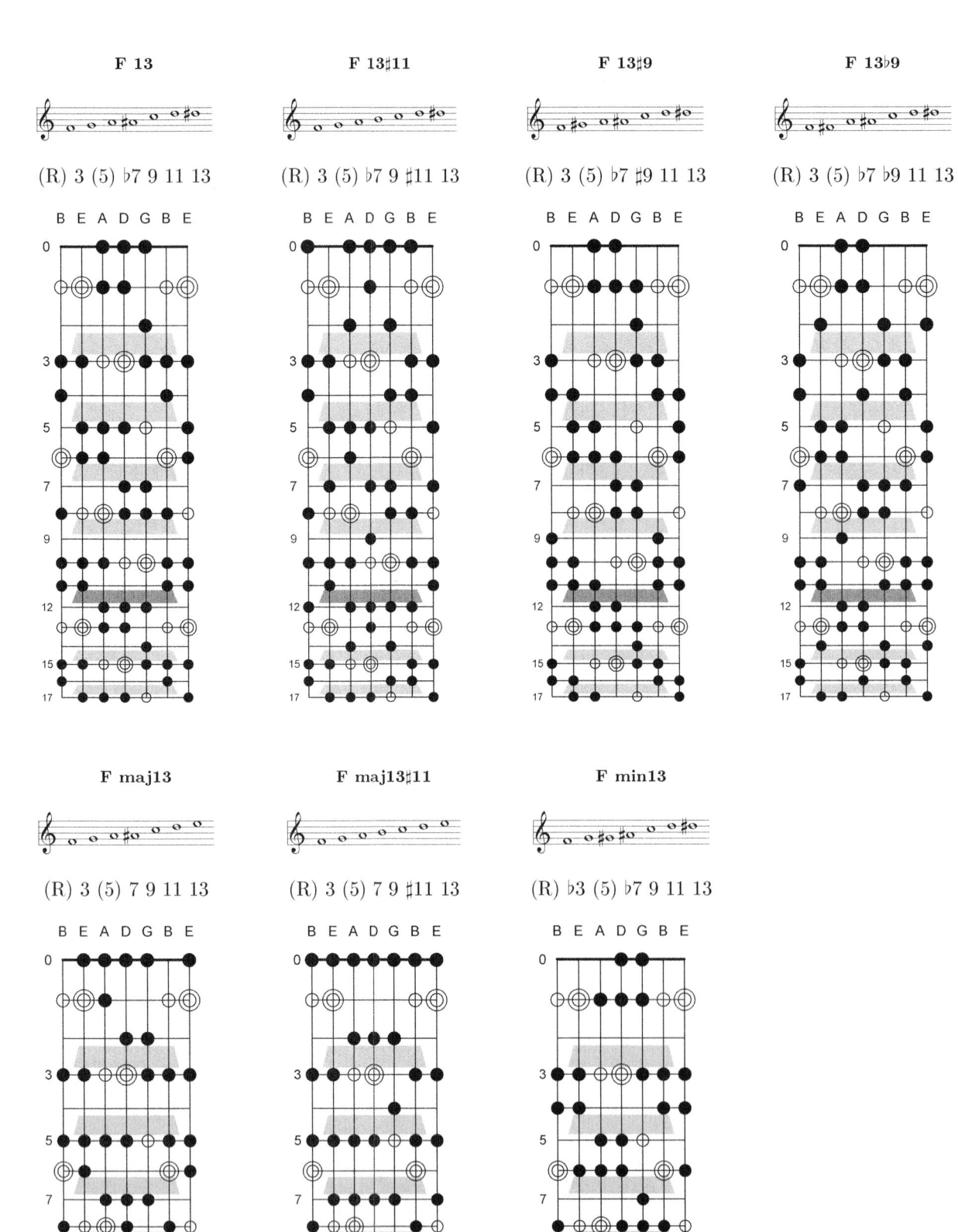

(R) 3 (5) ♭7 9 11 13

F 13♯11

(R) 3 (5) ♭7 9 ♯11 13

F 13♯9

(R) 3 (5) ♭7 ♯9 11 13

F 13♭9

(R) 3 (5) ♭7 ♭9 11 13

F maj13

(R) 3 (5) 7 9 11 13

F maj13♯11

(R) 3 (5) 7 9 ♯11 13

F min13

(R) ♭3 (5) ♭7 9 11 13

F♯/G♭ 5
R 5

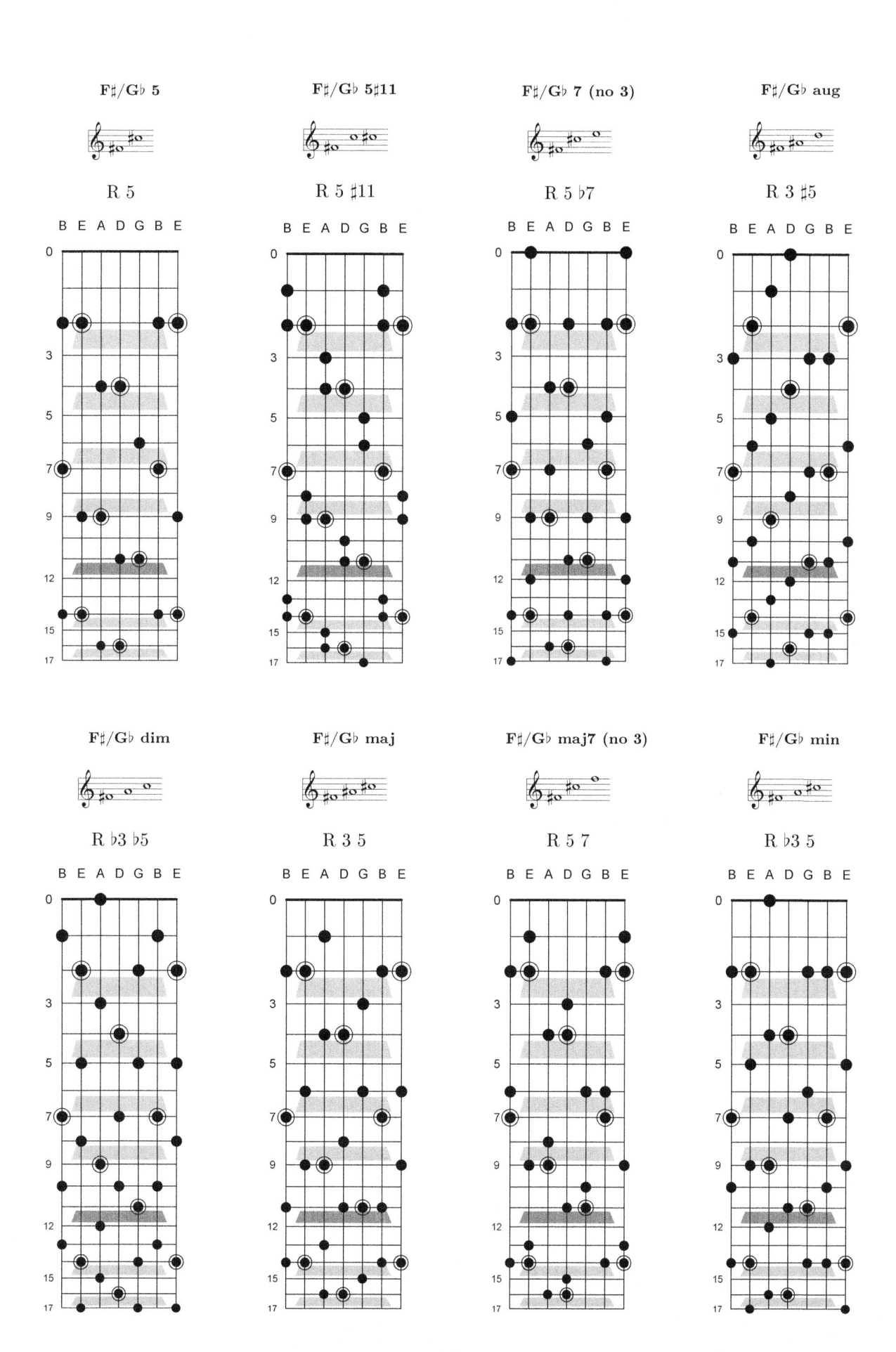

F♯/G♭ 5♯11
R 5 ♯11

F♯/G♭ 7 (no 3)
R 5 ♭7

F♯/G♭ aug
R 3 ♯5

F♯/G♭ dim
R ♭3 ♭5

F♯/G♭ maj
R 3 5

F♯/G♭ maj7 (no 3)
R 5 7

F♯/G♭ min
R ♭3 5

F♯/G♭ sus2
R 2 5

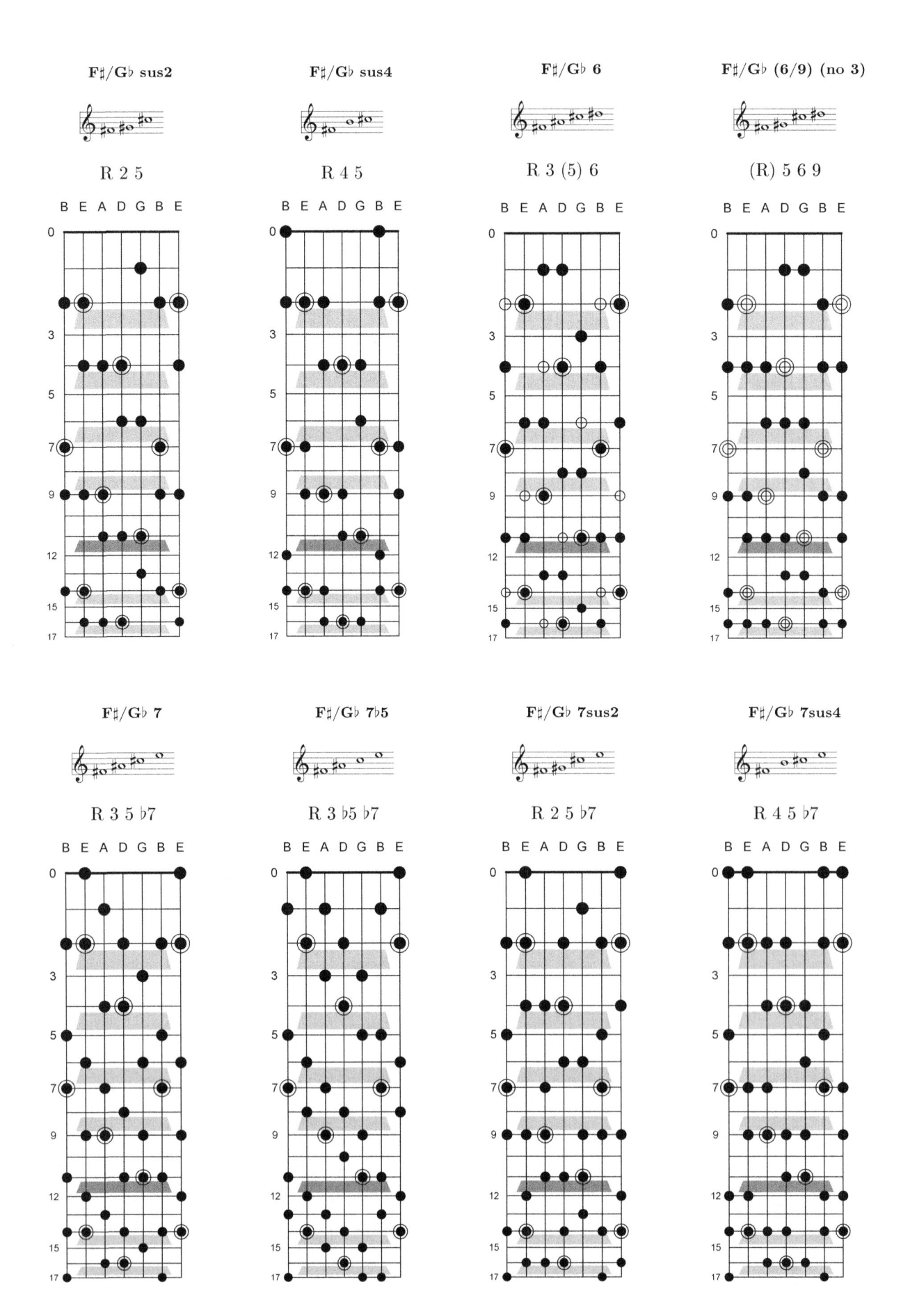

F♯/G♭ sus4
R 4 5

F♯/G♭ 6
R 3 (5) 6

F♯/G♭ (6/9) (no 3)
(R) 5 6 9

F♯/G♭ 7
R 3 5 ♭7

F♯/G♭ 7♭5
R 3 ♭5 ♭7

F♯/G♭ 7sus2
R 2 5 ♭7

F♯/G♭ 7sus4
R 4 5 ♭7

F♯/G♭ add9
(R) 3 5 9

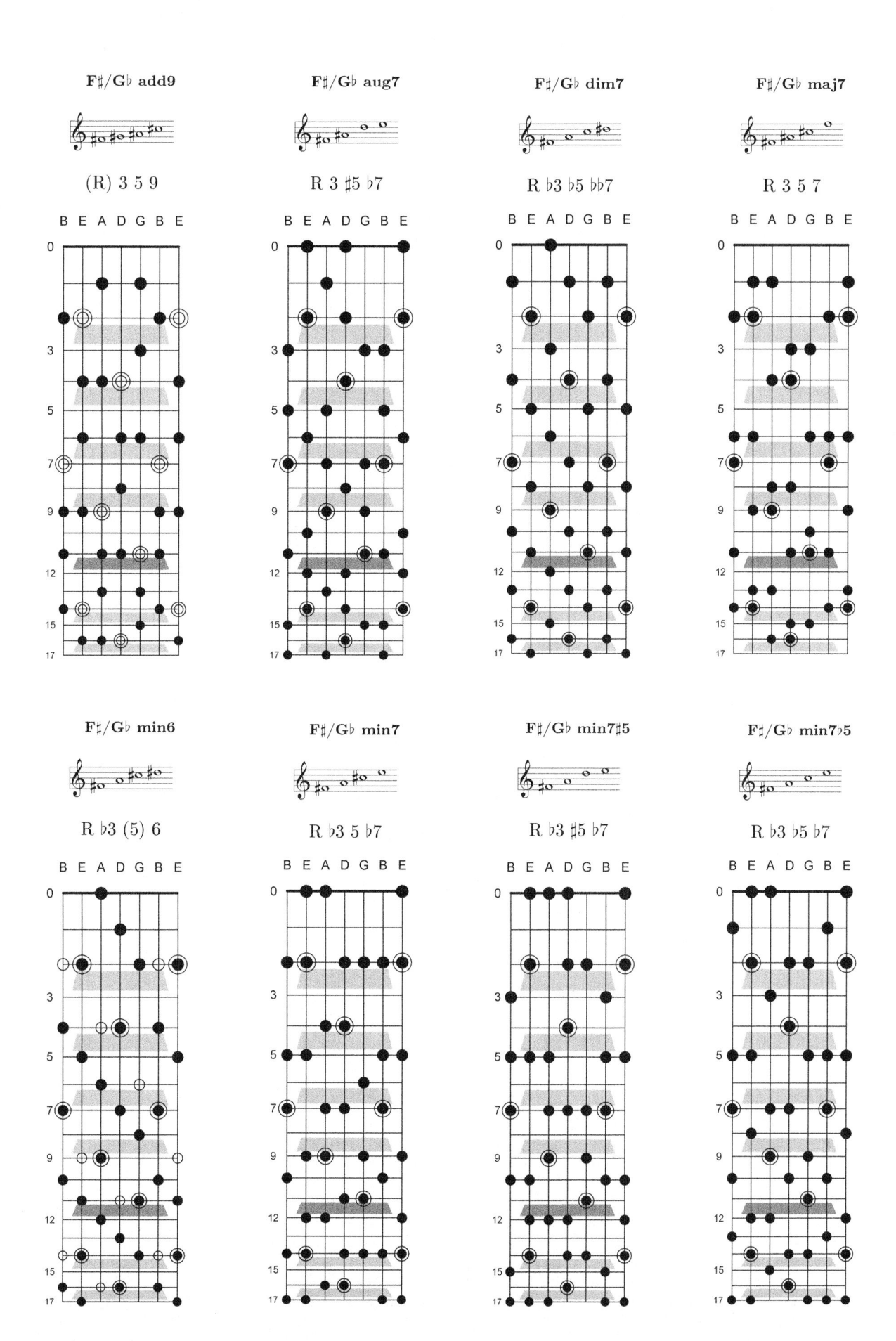

F♯/G♭ aug7
R 3 ♯5 ♭7

F♯/G♭ dim7
R ♭3 ♭5 ♭♭7

F♯/G♭ maj7
R 3 5 7

F♯/G♭ min6
R ♭3 (5) 6

F♯/G♭ min7
R ♭3 5 ♭7

F♯/G♭ min7♯5
R ♭3 ♯5 ♭7

F♯/G♭ min7♭5
R ♭3 ♭5 ♭7

F♯/G♭ min(maj7)
R ♭3 5 7

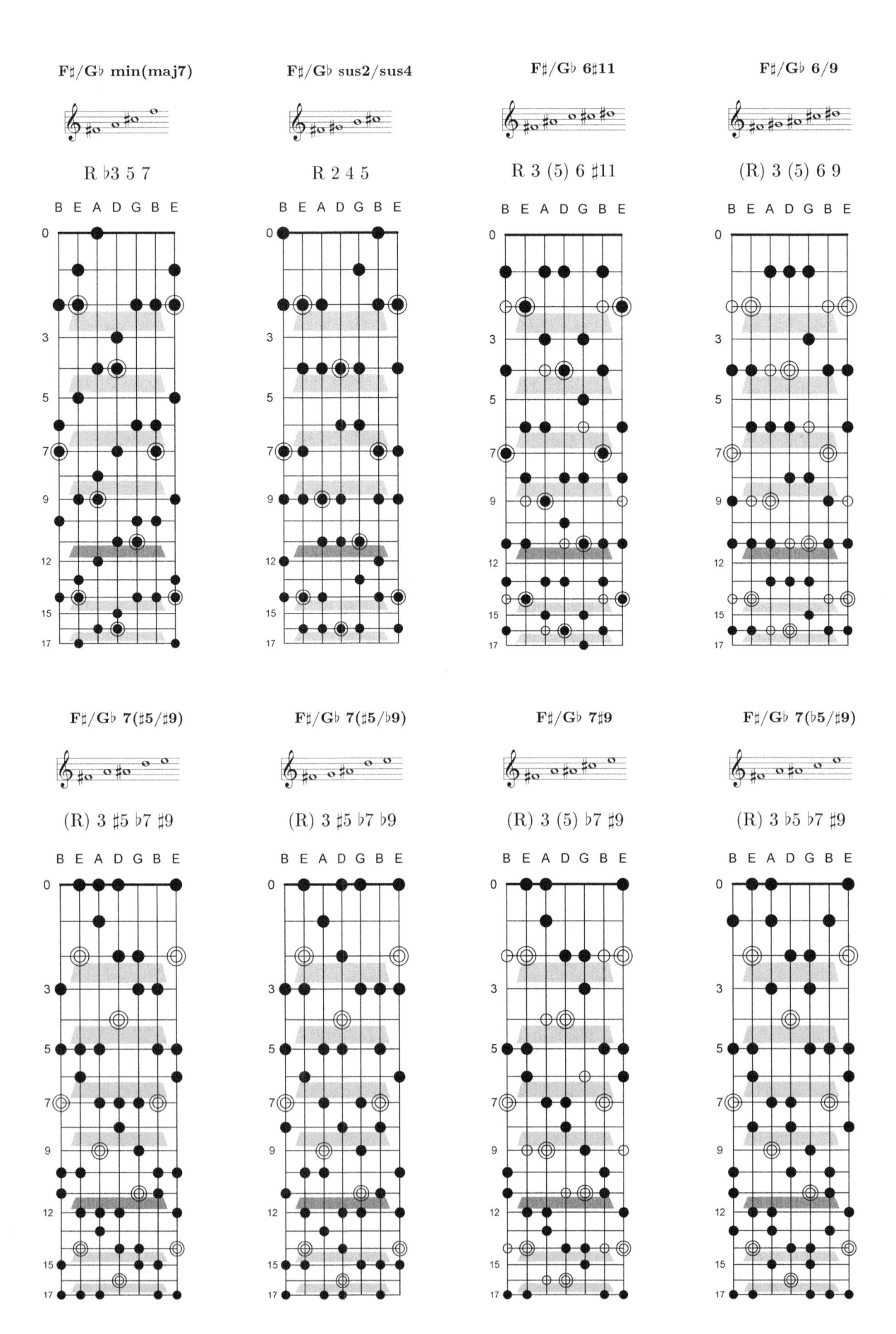

F♯/G♭ sus2/sus4
R 2 4 5

F♯/G♭ 6♯11
R 3 (5) 6 ♯11

F♯/G♭ 6/9
(R) 3 (5) 6 9

F♯/G♭ 7(♯5/♯9)
(R) 3 ♯5 ♭7 ♯9

F♯/G♭ 7(♯5/♭9)
(R) 3 ♯5 ♭7 ♭9

F♯/G♭ 7♯9
(R) 3 (5) ♭7 ♯9

F♯/G♭ 7(♭5/♯9)
(R) 3 ♭5 ♭7 ♯9

F♯/G♭ 7(♭5/♭9)

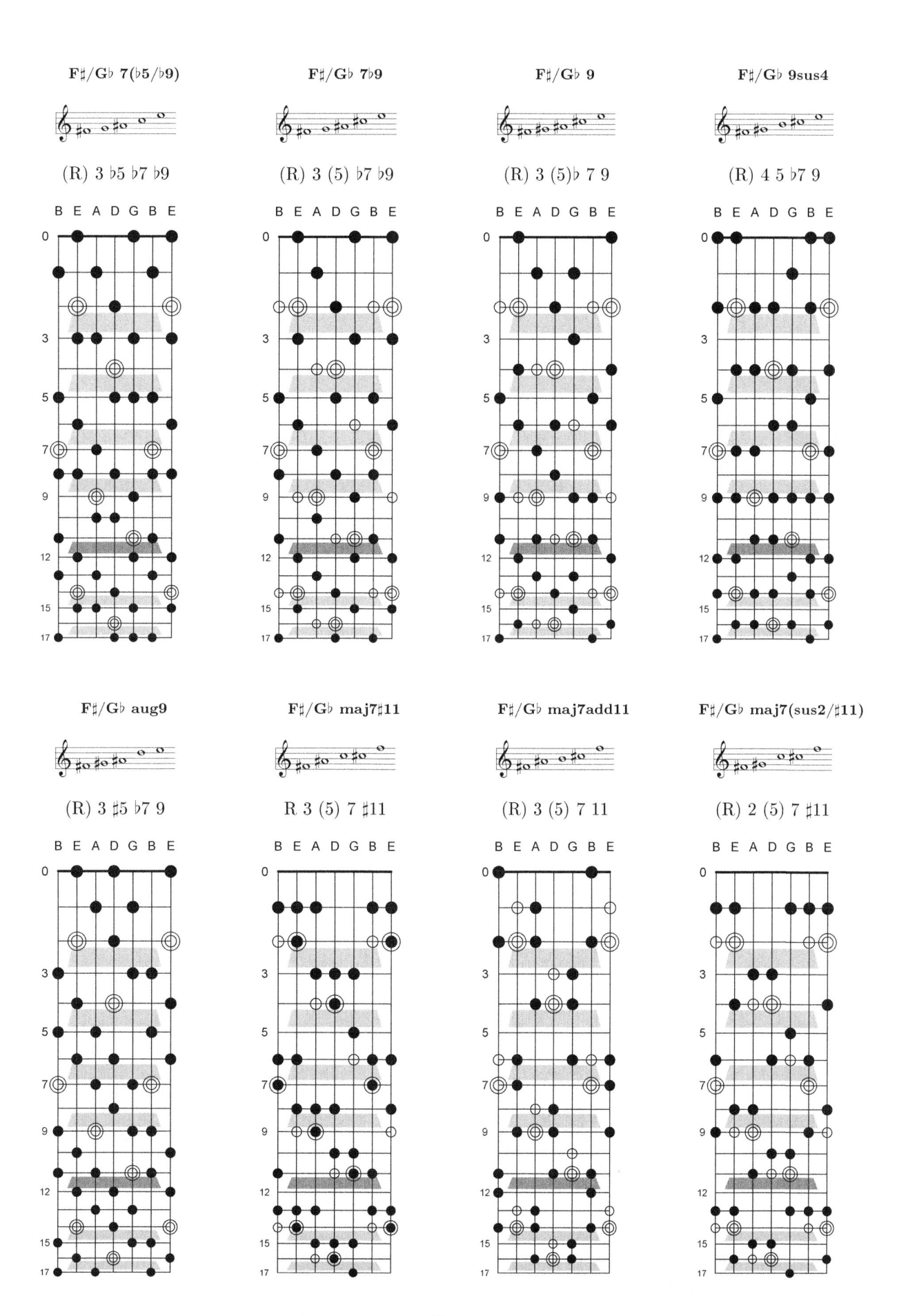

(R) 3 ♭5 ♭7 ♭9

F♯/G♭ 7♭9

(R) 3 (5) ♭7 ♭9

F♯/G♭ 9

(R) 3 (5) ♭7 9

F♯/G♭ 9sus4

(R) 4 5 ♭7 9

F♯/G♭ aug9

(R) 3 ♯5 ♭7 9

F♯/G♭ maj7♯11

R 3 (5) 7 ♯11

F♯/G♭ maj7add11

(R) 3 (5) 7 11

F♯/G♭ maj7(sus2/♯11)

(R) 2 (5) 7 ♯11

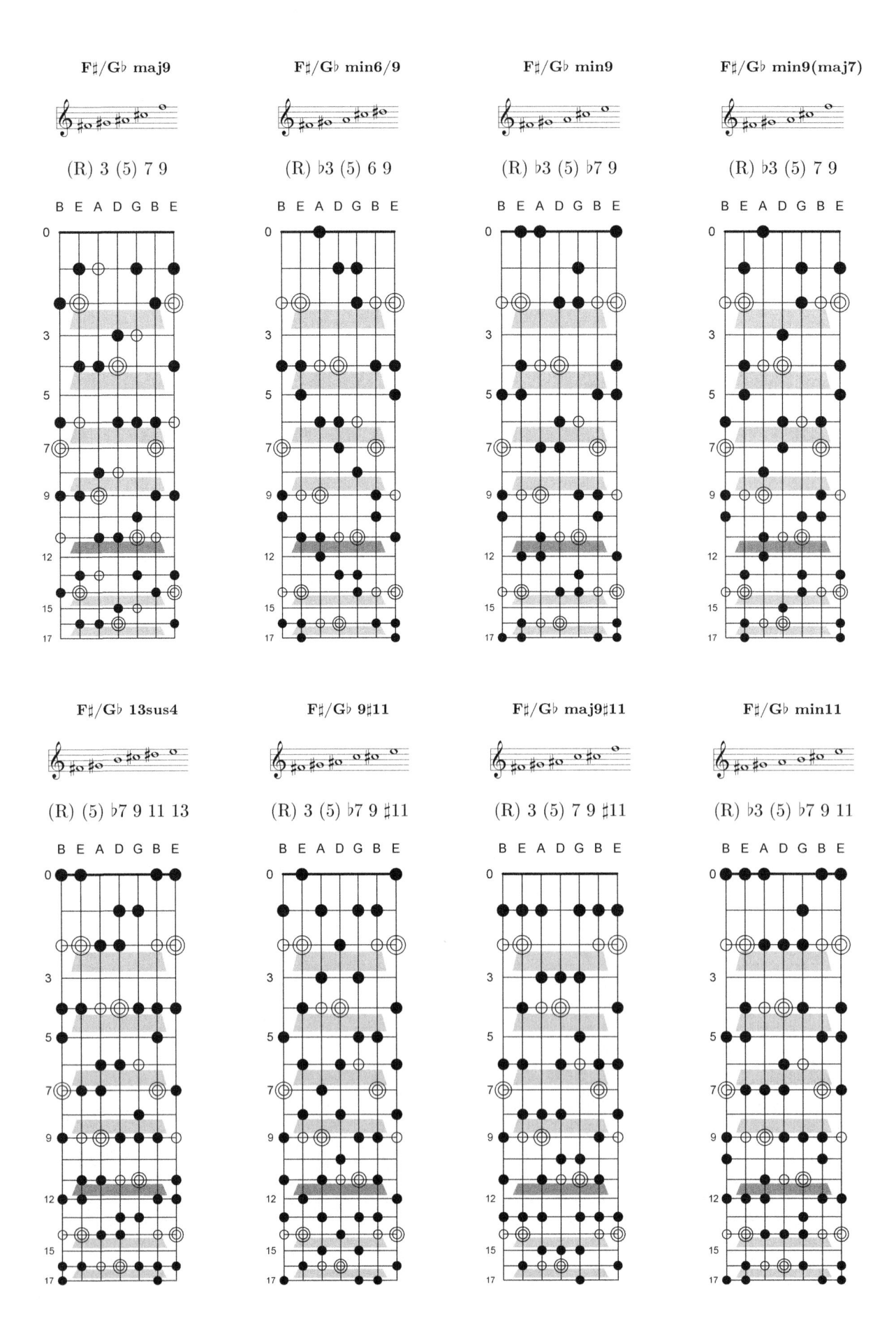

F♯/G♭ maj9	**F♯/G♭ min6/9**	**F♯/G♭ min9**	**F♯/G♭ min9(maj7)**
(R) 3 (5) 7 9	(R) ♭3 (5) 6 9	(R) ♭3 (5) ♭7 9	(R) ♭3 (5) 7 9

F♯/G♭ 13sus4	**F♯/G♭ 9♯11**	**F♯/G♭ maj9♯11**	**F♯/G♭ min11**
(R) (5) ♭7 9 11 13	(R) 3 (5) ♭7 9 ♯11	(R) 3 (5) 7 9 ♯11	(R) ♭3 (5) ♭7 9 11

F♯/G♭ 13

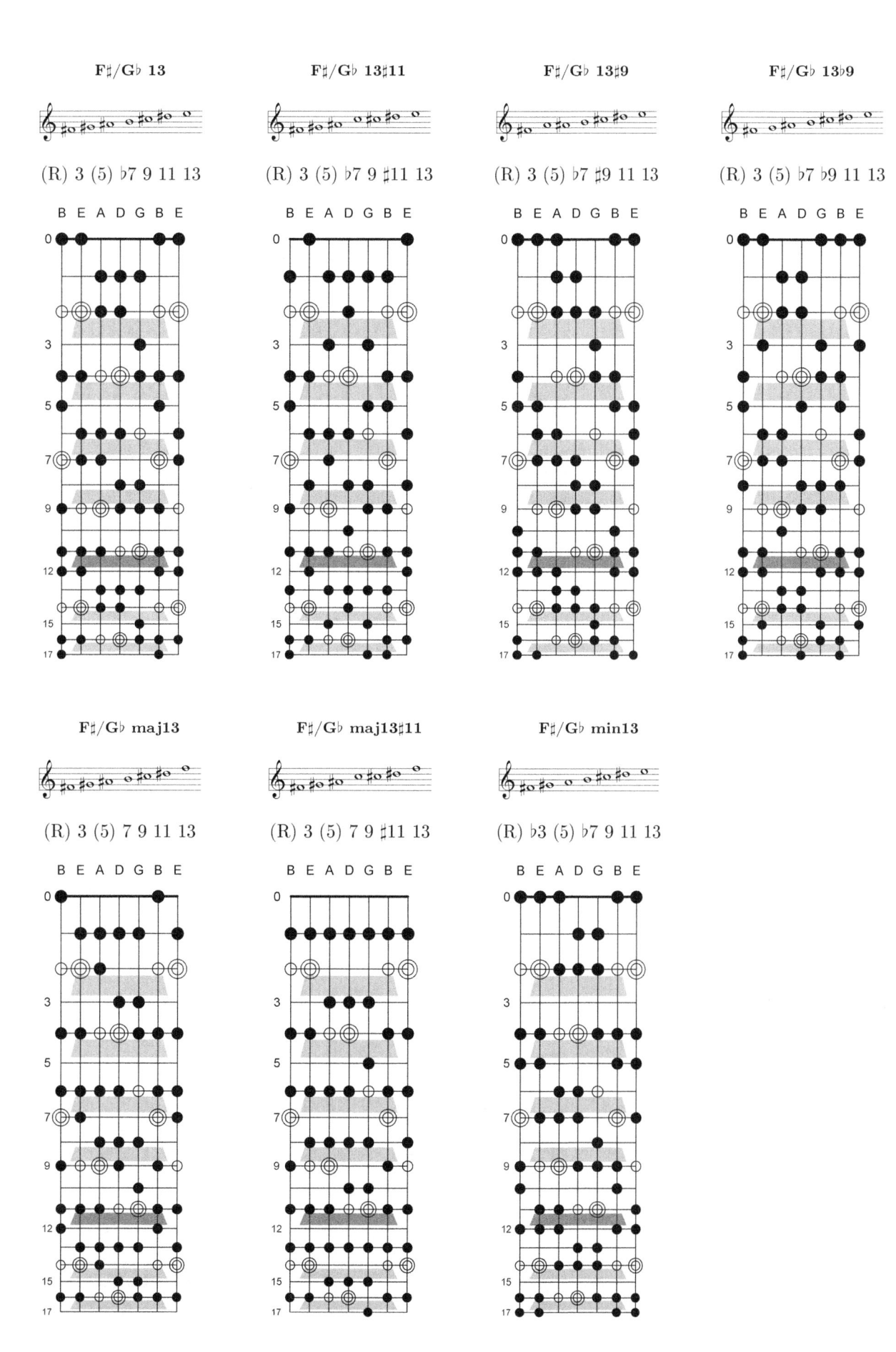

(R) 3 (5) ♭7 9 11 13

F♯/G♭ 13♯11

(R) 3 (5) ♭7 9 ♯11 13

F♯/G♭ 13♯9

(R) 3 (5) ♭7 ♯9 11 13

F♯/G♭ 13♭9

(R) 3 (5) ♭7 ♭9 11 13

F♯/G♭ maj13

(R) 3 (5) 7 9 11 13

F♯/G♭ maj13♯11

(R) 3 (5) 7 9 ♯11 13

F♯/G♭ min13

(R) ♭3 (5) ♭7 9 11 13

G 5	G 5♯11	G 7 (no 3)	G aug
R 5	R 5 ♯11	R 5 ♭7	R 3 ♯5

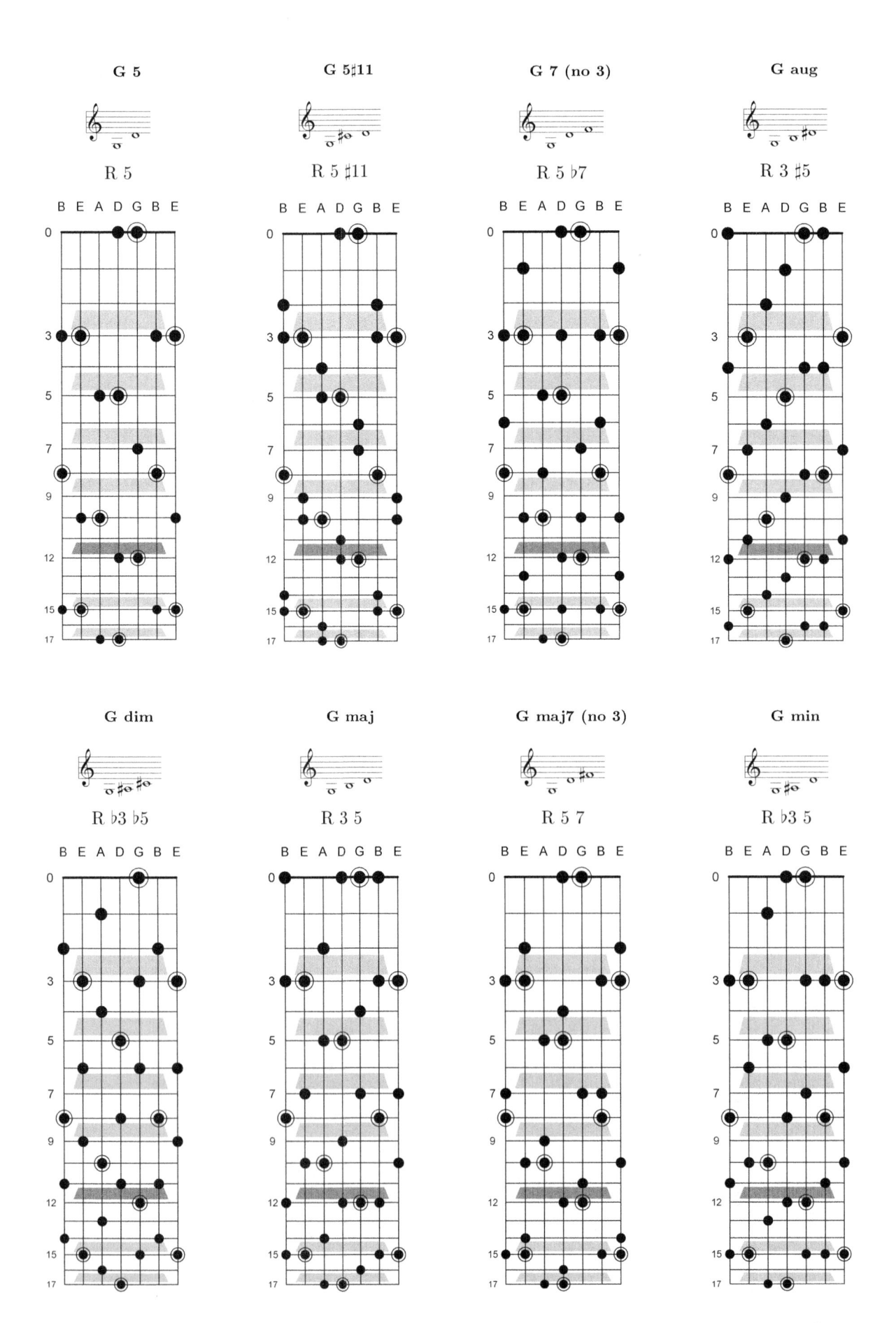

G dim	G maj	G maj7 (no 3)	G min
R ♭3 ♭5	R 3 5	R 5 7	R ♭3 5

G sus2	G sus4	G 6	G (6/9) (no 3)
R 2 5	R 4 5	R 3 (5) 6	(R) 5 6 9

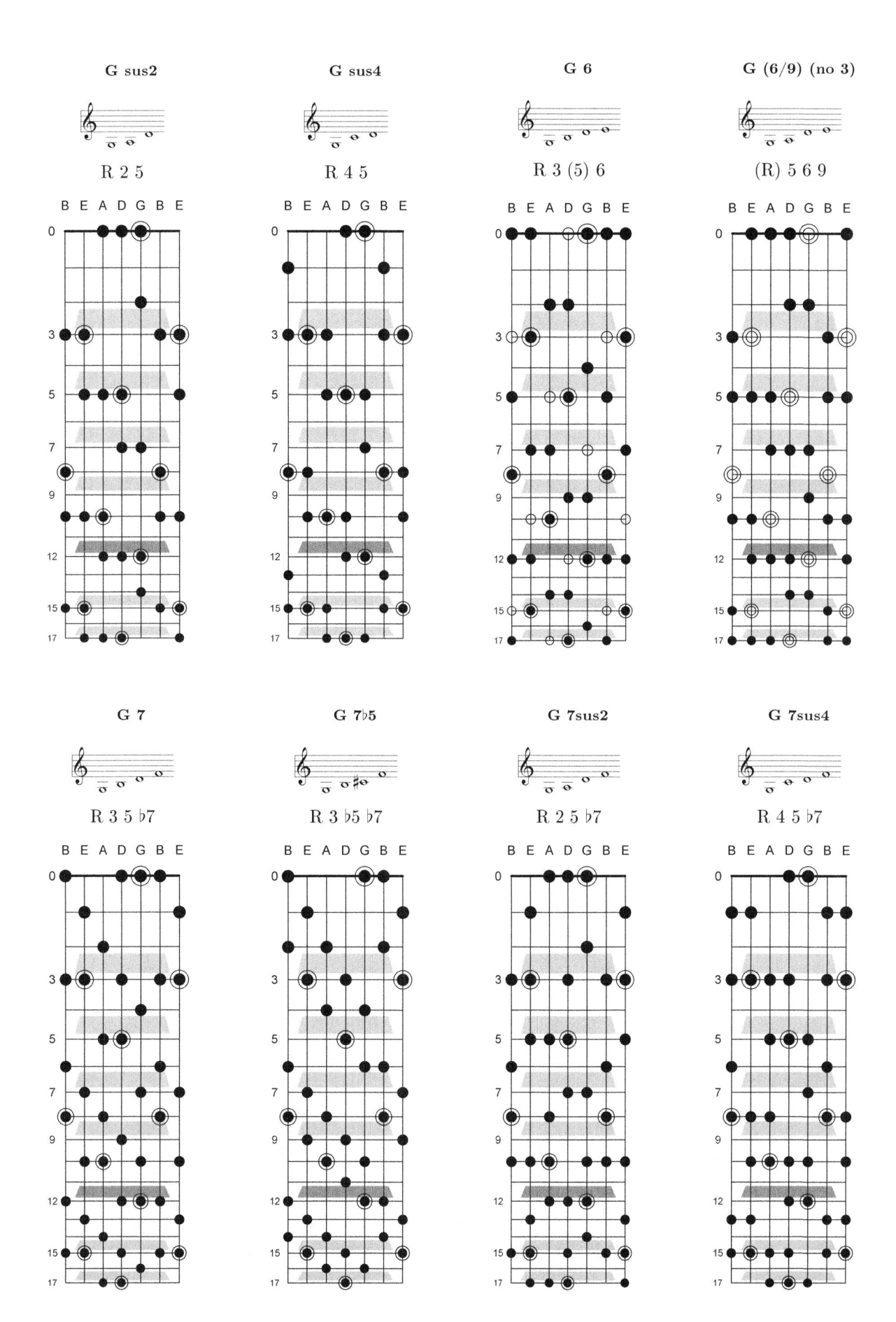

G 7	G 7♭5	G 7sus2	G 7sus4
R 3 5 ♭7	R 3 ♭5 ♭7	R 2 5 ♭7	R 4 5 ♭7

G add9
(R) 3 5 9

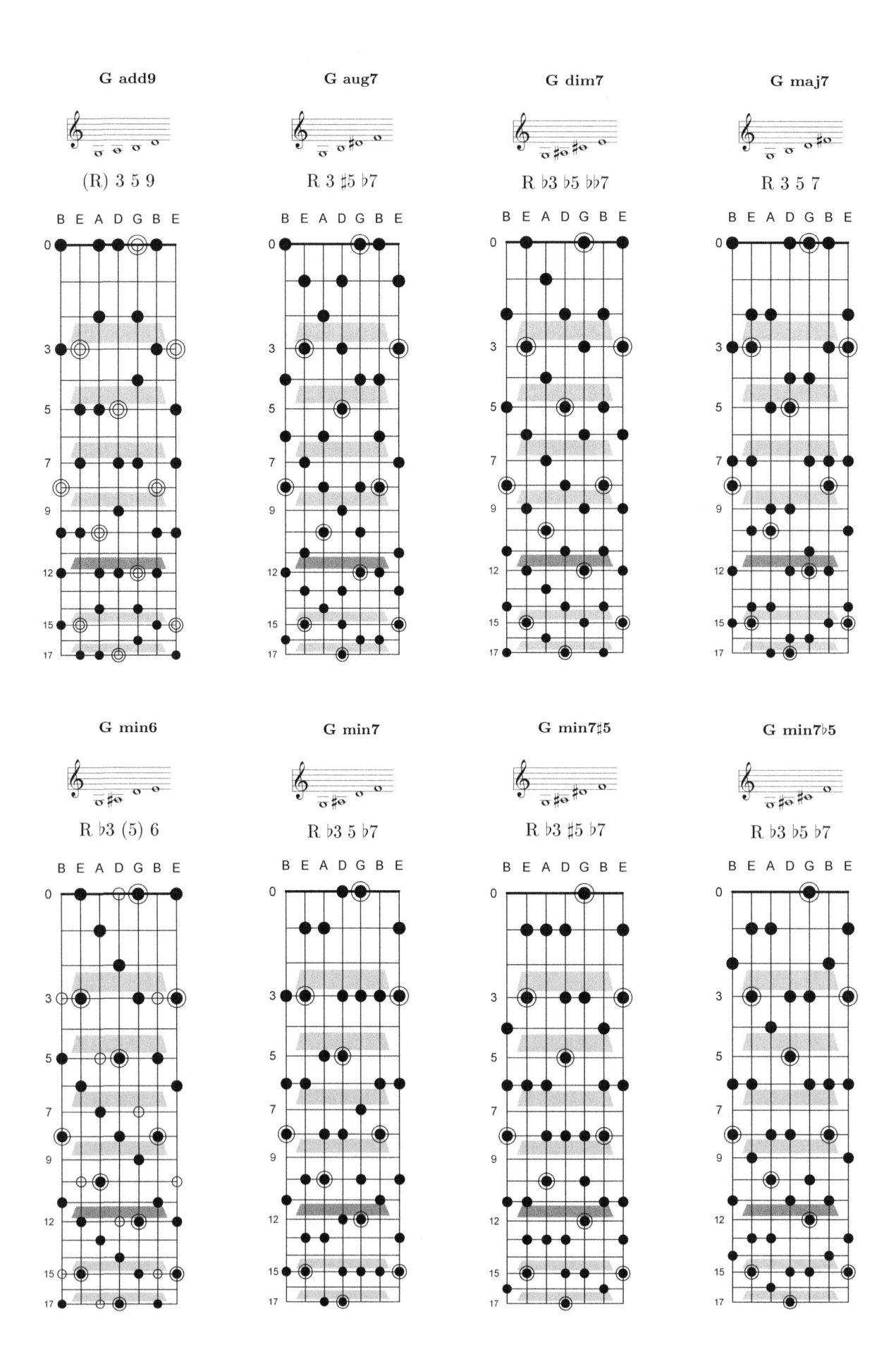

G aug7
R 3 ♯5 ♭7

G dim7
R ♭3 ♭5 ♭♭7

G maj7
R 3 5 7

G min6
R ♭3 (5) 6

G min7
R ♭3 5 ♭7

G min7♯5
R ♭3 ♯5 ♭7

G min7♭5
R ♭3 ♭5 ♭7

G min(maj7)

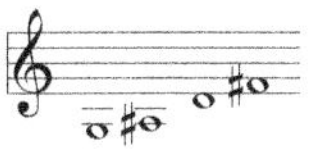

R ♭3 5 7

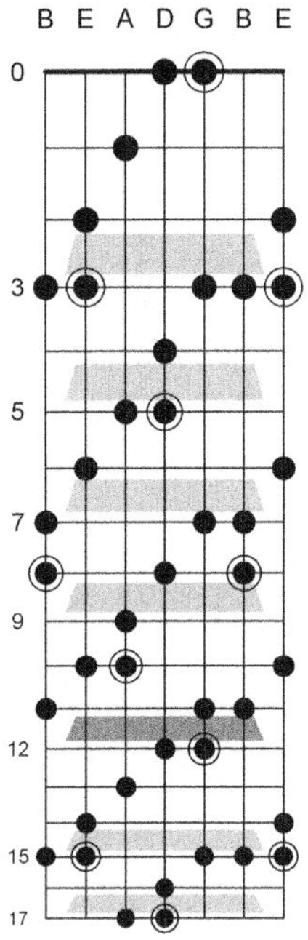

G sus2/sus4

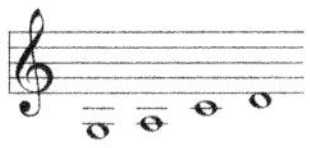

R 2 4 5

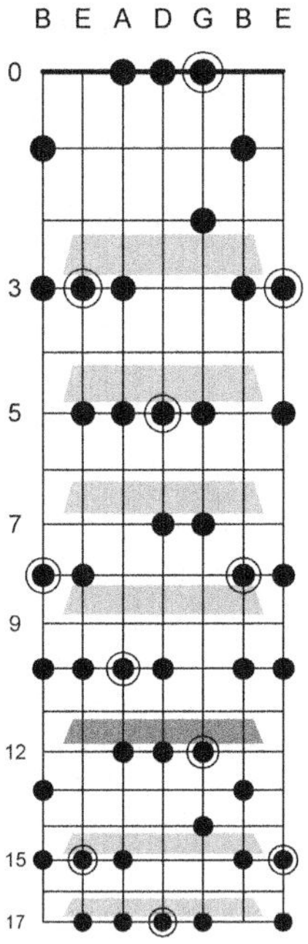

G 6♯11

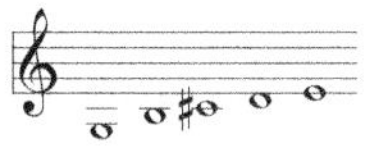

R 3 (5) 6 ♯11

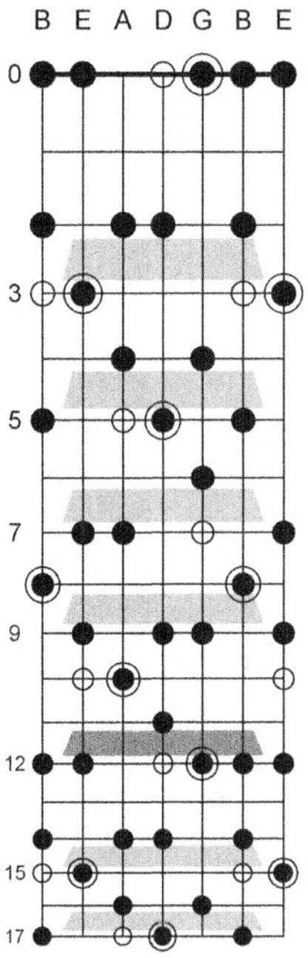

G 6/9

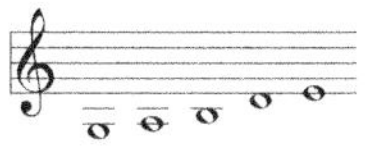

(R) 3 (5) 6 9

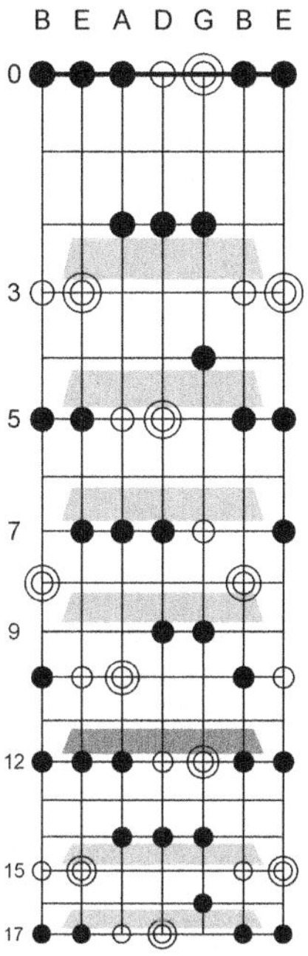

G 7(♯5/♯9)

(R) 3 ♯5 ♭7 ♯9

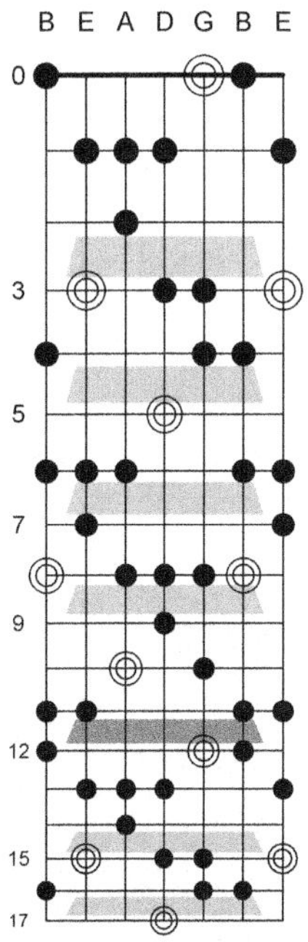

G 7(♯5/♭9)

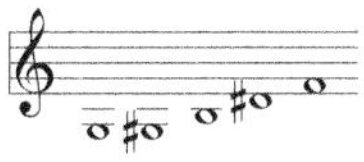

(R) 3 ♯5 ♭7 ♭9

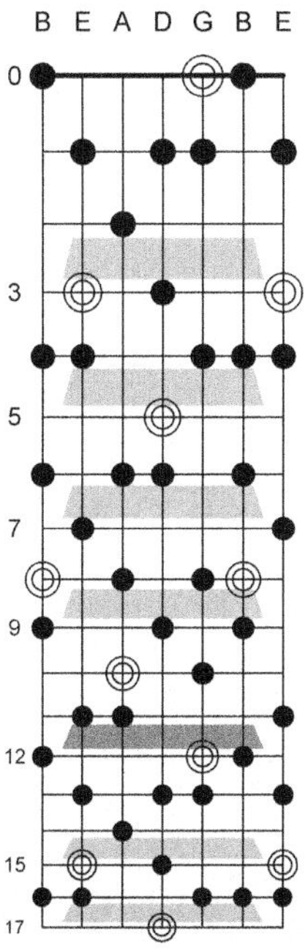

G 7♯9

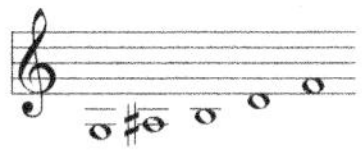

(R) 3 (5) ♭7 ♯9

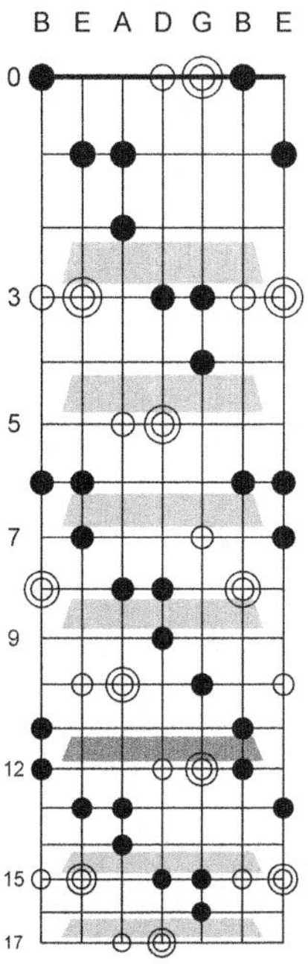

G 7(♭5/♯9)

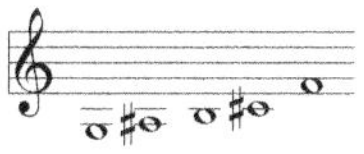

(R) 3 ♭5 ♭7 ♯9

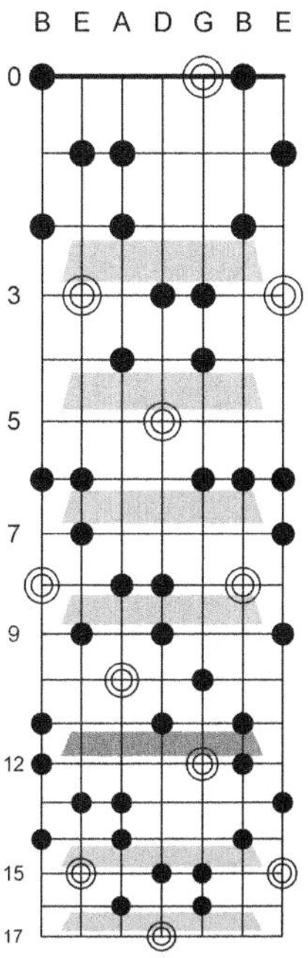

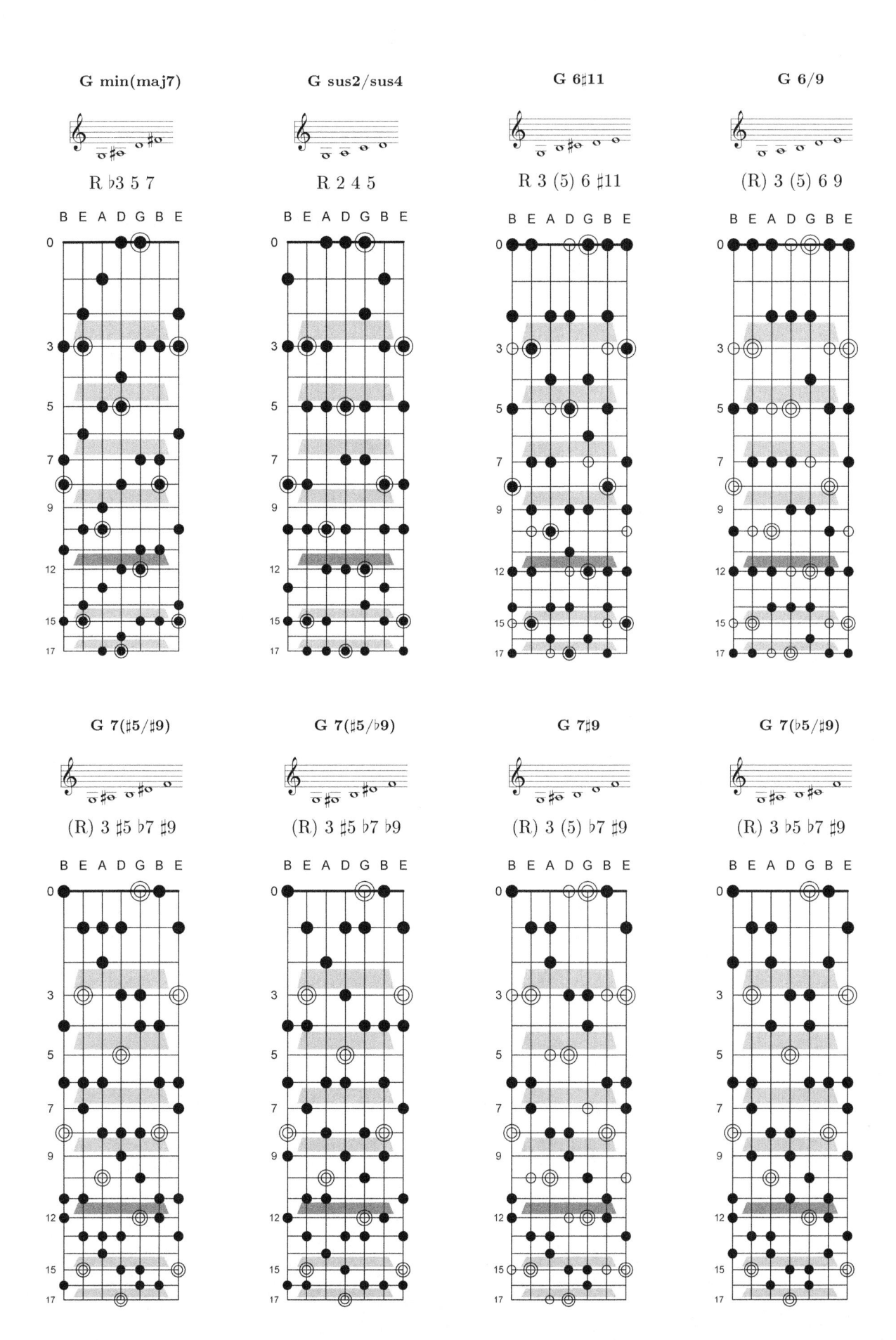

G 7(♭5/♭9)
(R) 3 ♭5 ♭7 ♭9

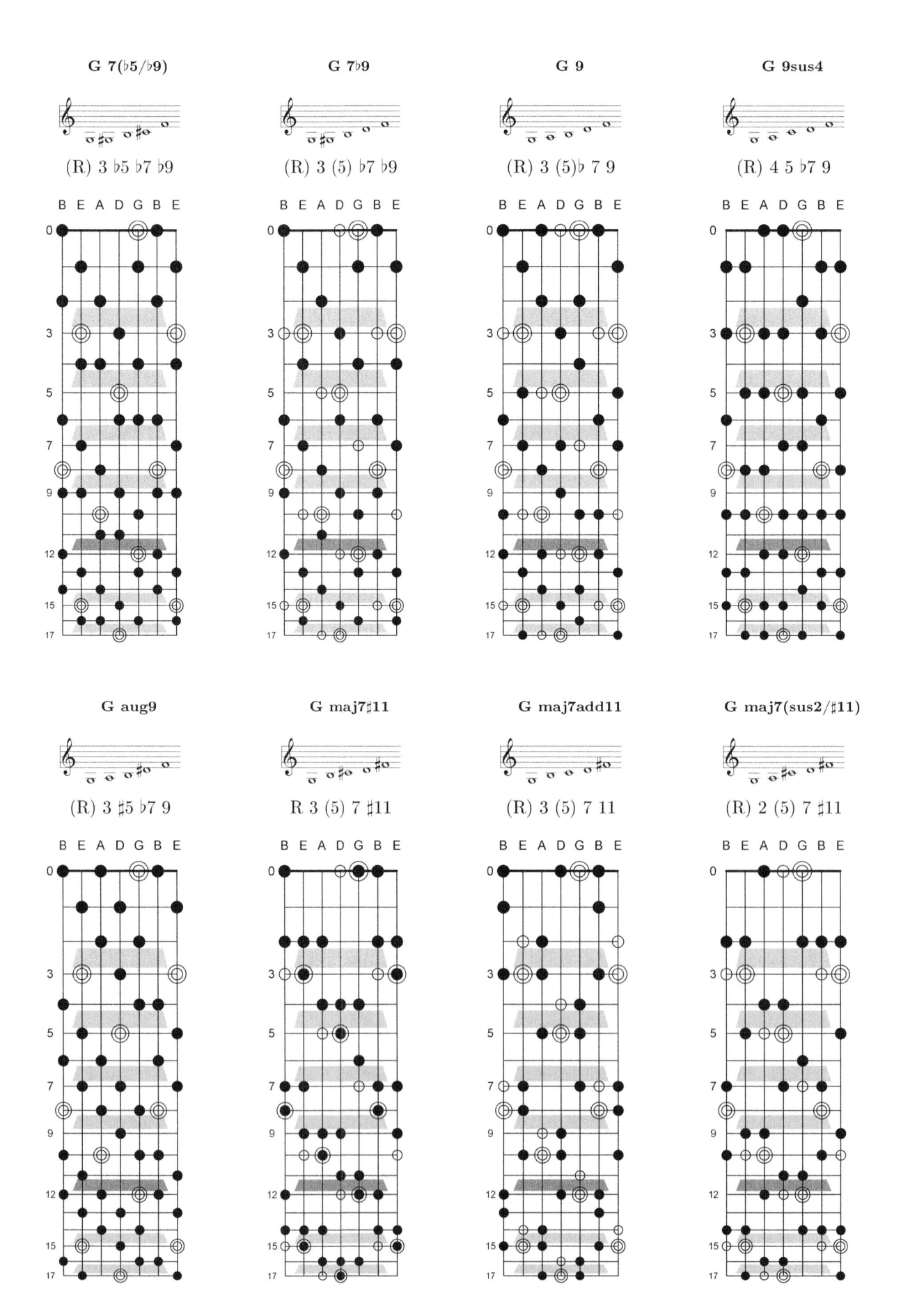

G 7♭9
(R) 3 (5) ♭7 ♭9

G 9
(R) 3 (5) ♭7 9

G 9sus4
(R) 4 5 ♭7 9

G aug9
(R) 3 ♯5 ♭7 9

G maj7♯11
R 3 (5) 7 ♯11

G maj7add11
(R) 3 (5) 7 11

G maj7(sus2/♯11)
(R) 2 (5) 7 ♯11

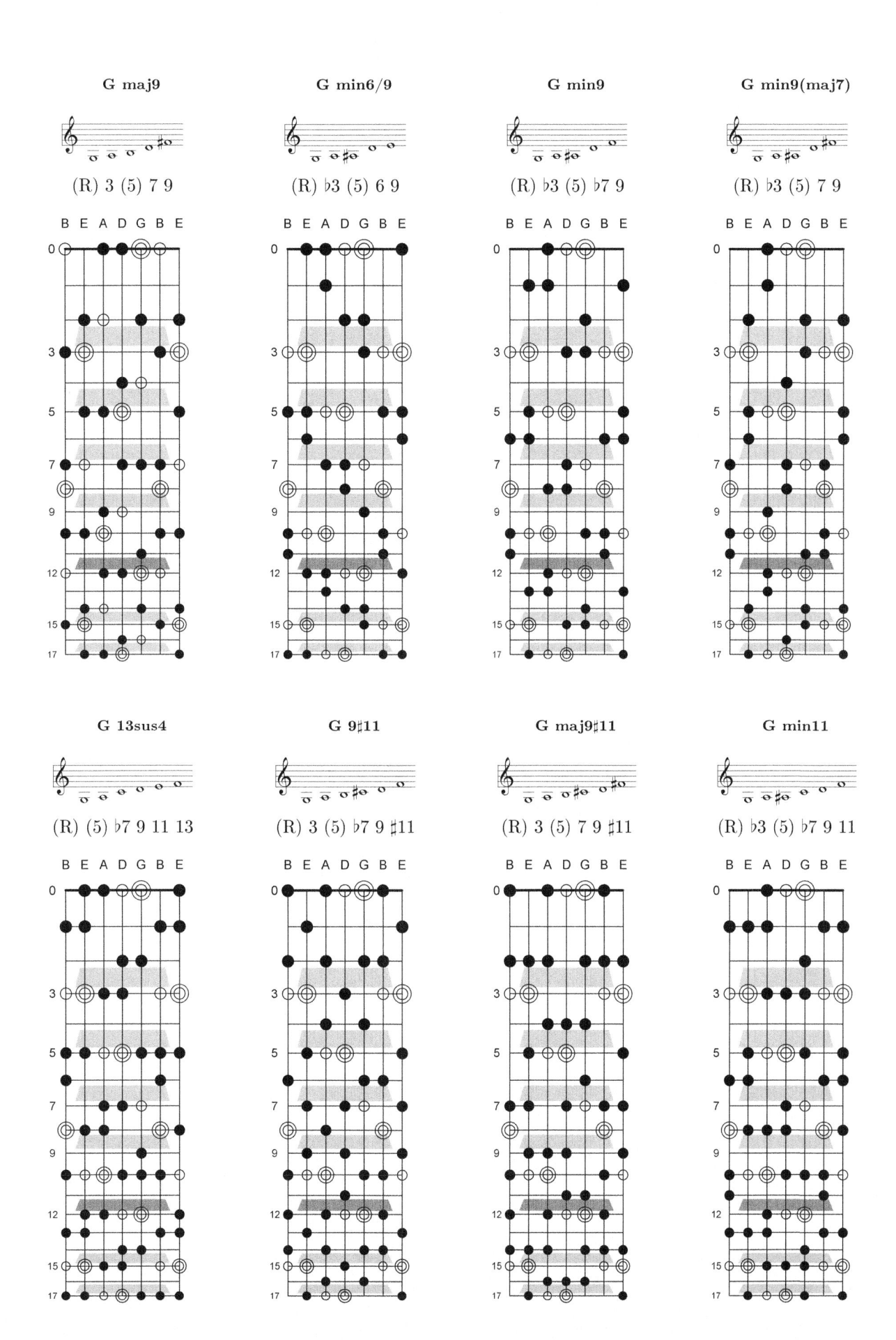

G maj9	G min6/9	G min9	G min9(maj7)
(R) 3 (5) 7 9	(R) ♭3 (5) 6 9	(R) ♭3 (5) ♭7 9	(R) ♭3 (5) 7 9

G 13sus4	G 9♯11	G maj9♯11	G min11
(R) (5) ♭7 9 11 13	(R) 3 (5) ♭7 9 ♯11	(R) 3 (5) 7 9 ♯11	(R) ♭3 (5) ♭7 9 11

G 13
(R) 3 (5) ♭7 9 11 13

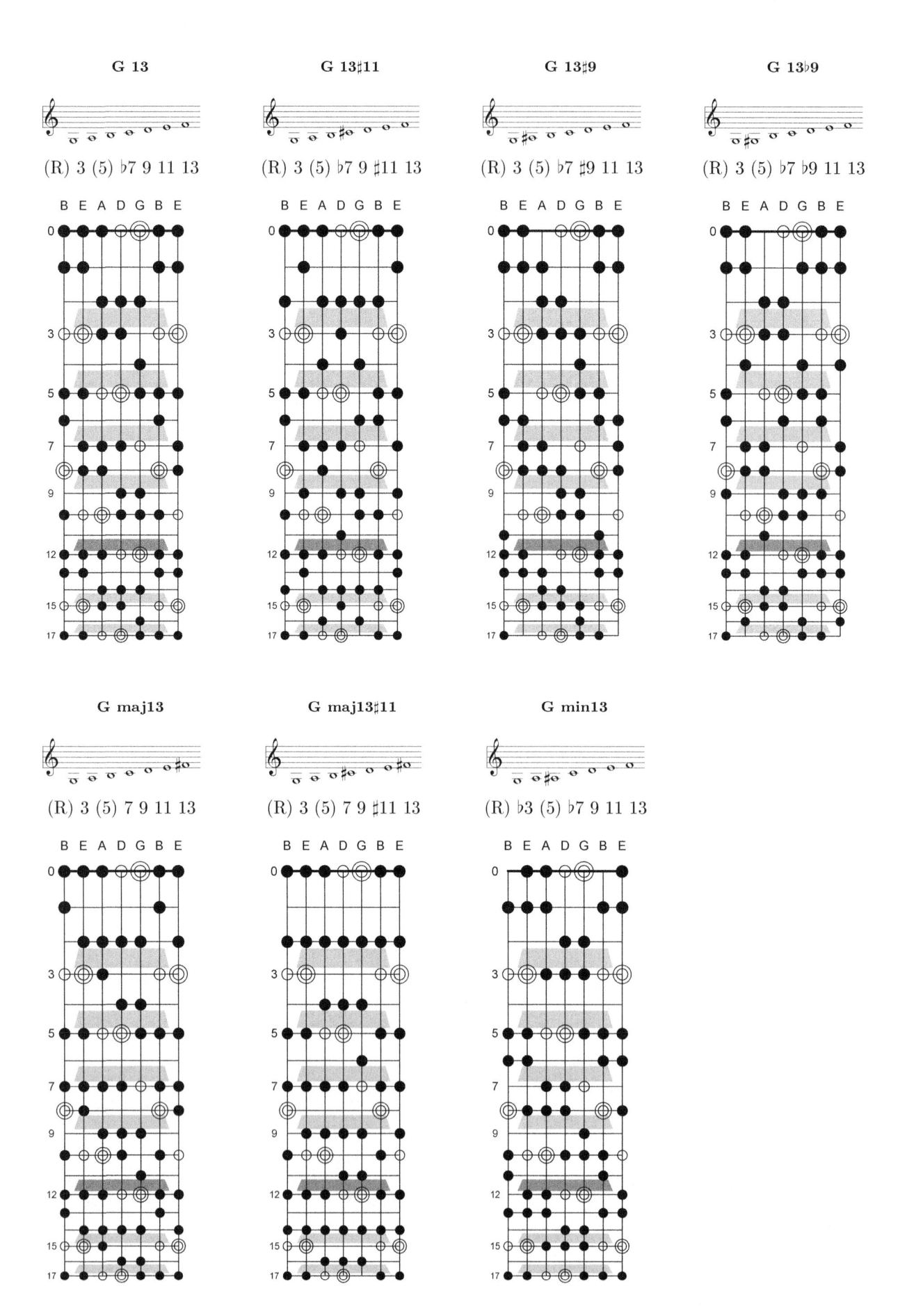

G 13♯11
(R) 3 (5) ♭7 9 ♯11 13

G 13♯9
(R) 3 (5) ♭7 ♯9 11 13

G 13♭9
(R) 3 (5) ♭7 ♭9 11 13

G maj13
(R) 3 (5) 7 9 11 13

G maj13♯11
(R) 3 (5) 7 9 ♯11 13

G min13
(R) ♭3 (5) ♭7 9 11 13

G♯/A♭ 5	G♯/A♭ 5♯11	G♯/A♭ 7 (no 3)	G♯/A♭ aug
R 5	R 5 ♯11	R 5 ♭7	R 3 ♯5

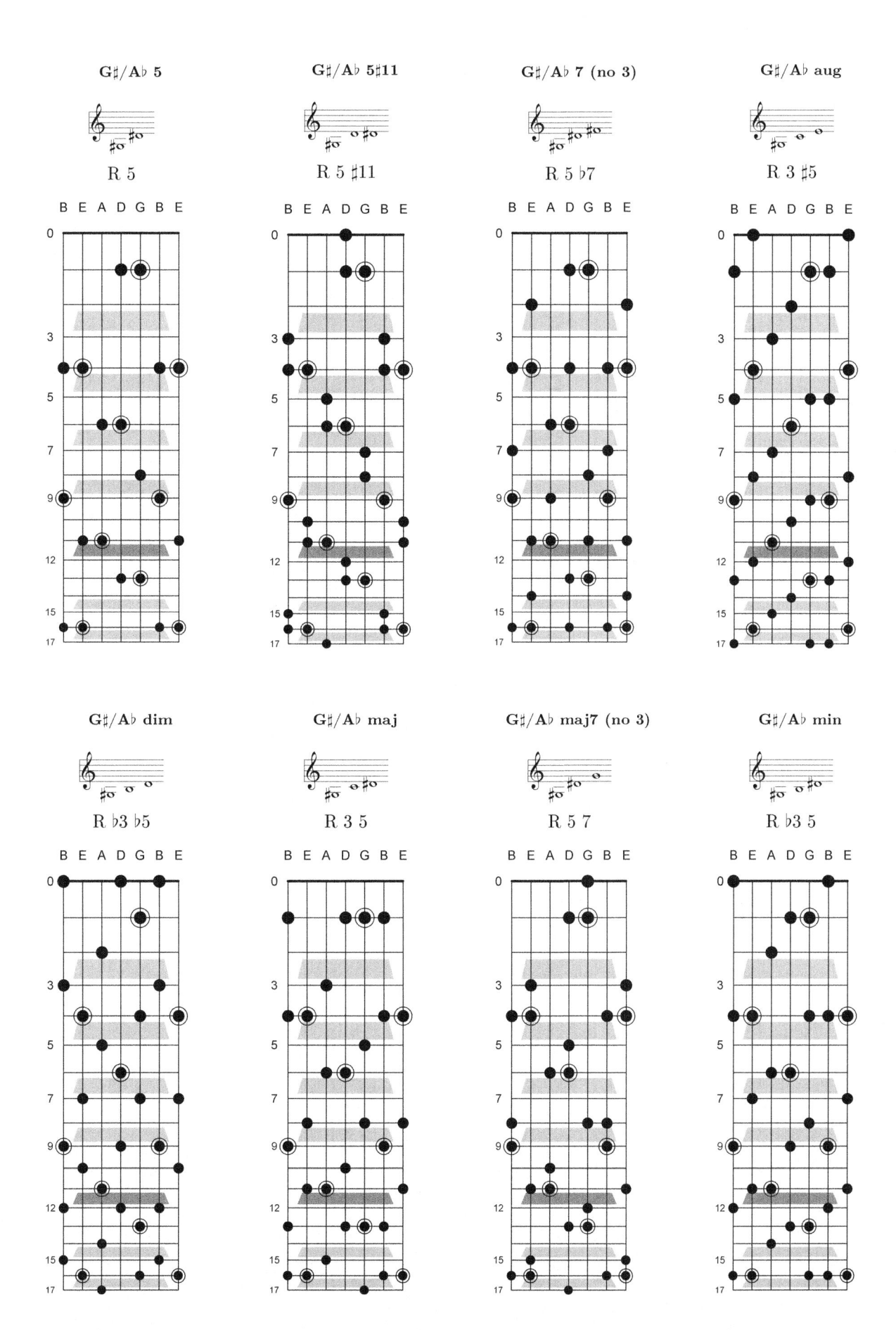

G♯/A♭ dim	G♯/A♭ maj	G♯/A♭ maj7 (no 3)	G♯/A♭ min
R ♭3 ♭5	R 3 5	R 5 7	R ♭3 5

G♯/A♭ sus2
R 2 5

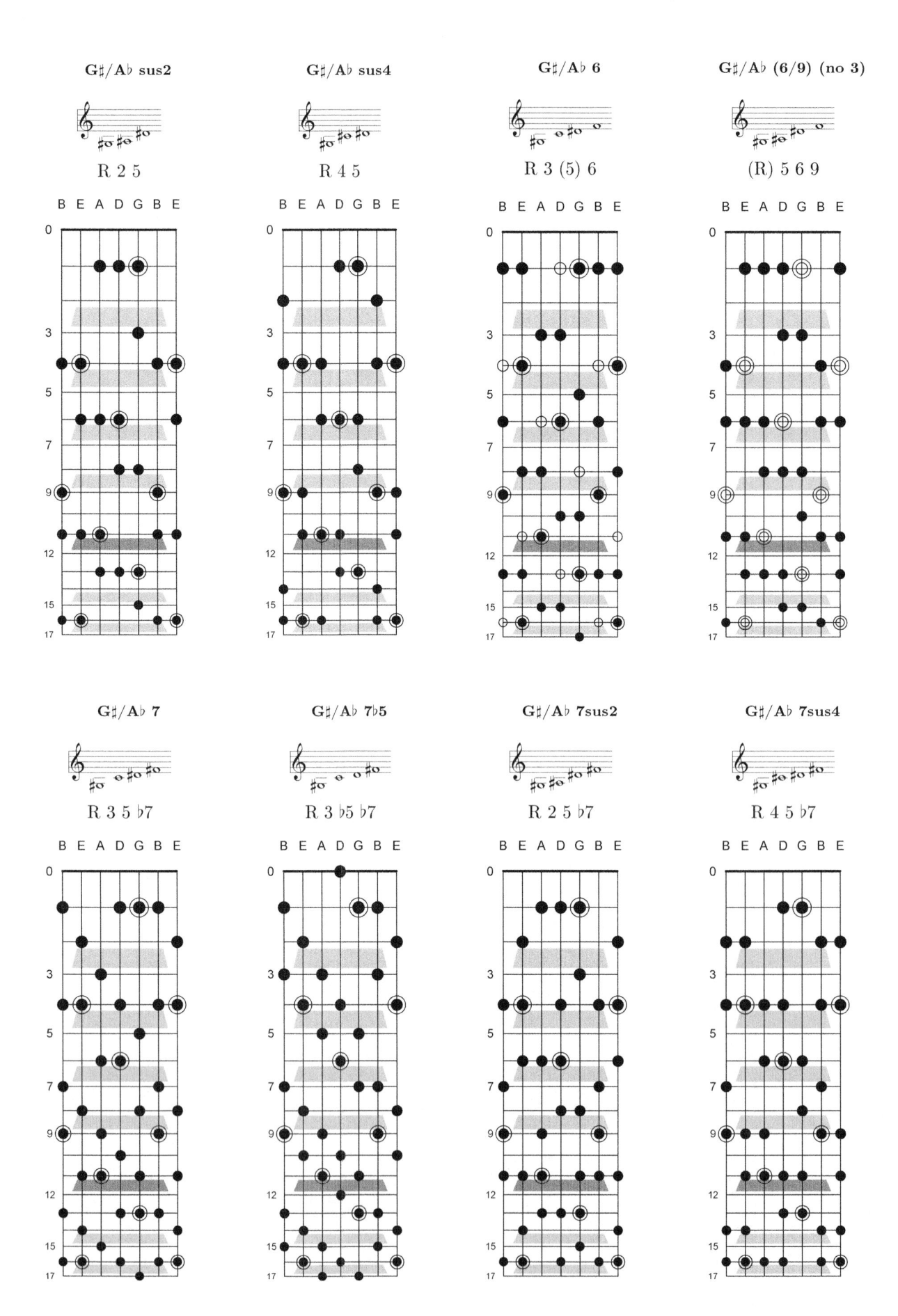

G♯/A♭ sus4
R 4 5

G♯/A♭ 6
R 3 (5) 6

G♯/A♭ (6/9) (no 3)
(R) 5 6 9

G♯/A♭ 7
R 3 5 ♭7

G♯/A♭ 7♭5
R 3 ♭5 ♭7

G♯/A♭ 7sus2
R 2 5 ♭7

G♯/A♭ 7sus4
R 4 5 ♭7

G♯/A♭ add9
(R) 3 5 9

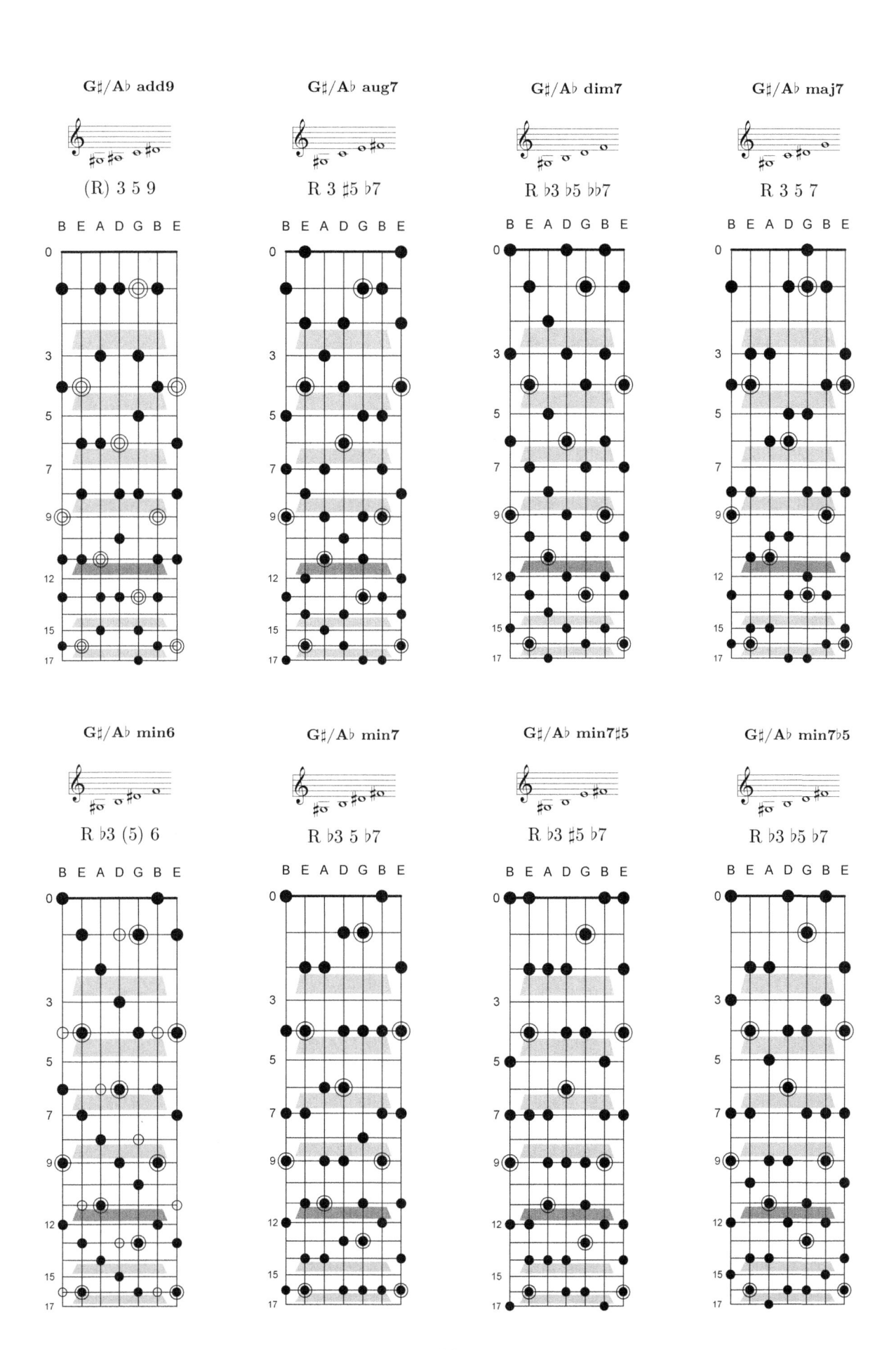

G♯/A♭ aug7
R 3 ♯5 ♭7

G♯/A♭ dim7
R ♭3 ♭5 ♭♭7

G♯/A♭ maj7
R 3 5 7

G♯/A♭ min6
R ♭3 (5) 6

G♯/A♭ min7
R ♭3 5 ♭7

G♯/A♭ min7♯5
R ♭3 ♯5 ♭7

G♯/A♭ min7♭5
R ♭3 ♭5 ♭7

G♯/A♭ min(maj7)

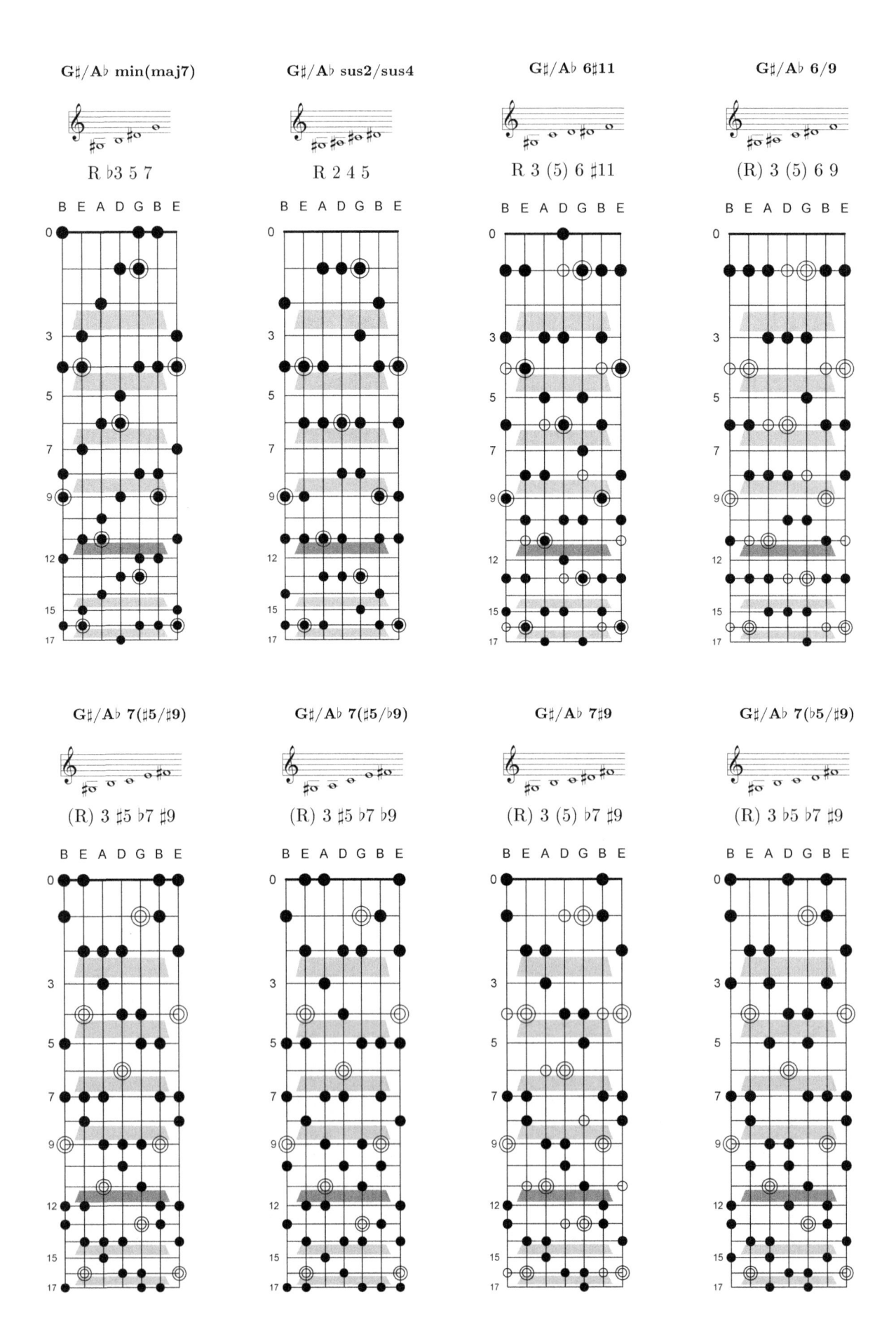

R ♭3 5 7

G♯/A♭ sus2/sus4

R 2 4 5

G♯/A♭ 6♯11

R 3 (5) 6 ♯11

G♯/A♭ 6/9

(R) 3 (5) 6 9

G♯/A♭ 7(♯5/♯9)

(R) 3 ♯5 ♭7 ♯9

G♯/A♭ 7(♯5/♭9)

(R) 3 ♯5 ♭7 ♭9

G♯/A♭ 7♯9

(R) 3 (5) ♭7 ♯9

G♯/A♭ 7(♭5/♯9)

(R) 3 ♭5 ♭7 ♯9

G♯/A♭ 7(♭5/♭9)
(R) 3 ♭5 ♭7 ♭9

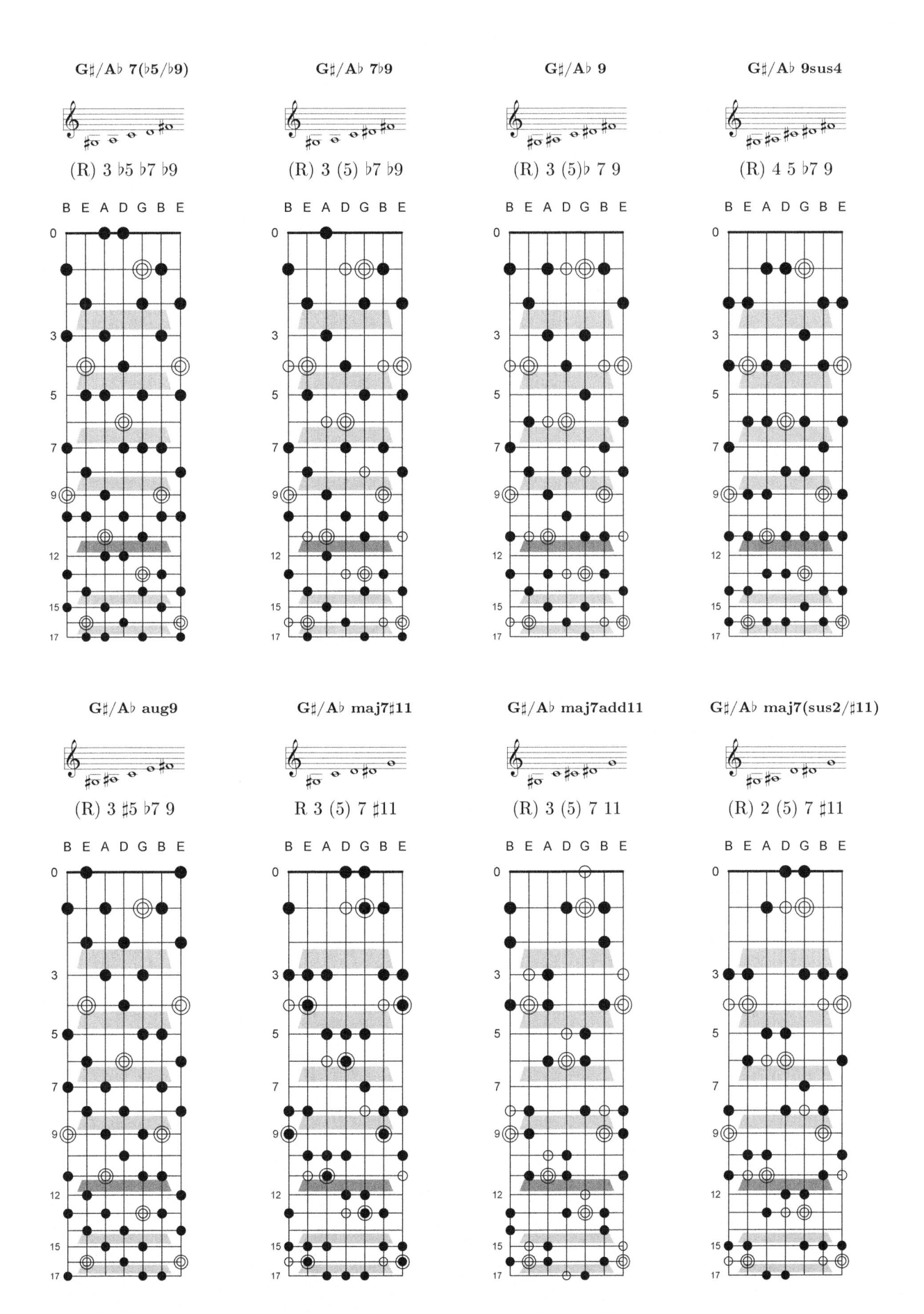

G♯/A♭ 7♭9
(R) 3 (5) ♭7 ♭9

G♯/A♭ 9
(R) 3 (5) ♭7 9

G♯/A♭ 9sus4
(R) 4 5 ♭7 9

G♯/A♭ aug9
(R) 3 ♯5 ♭7 9

G♯/A♭ maj7♯11
R 3 (5) 7 ♯11

G♯/A♭ maj7add11
(R) 3 (5) 7 11

G♯/A♭ maj7(sus2/♯11)
(R) 2 (5) 7 ♯11

G♯/A♭ maj9
(R) 3 (5) 7 9

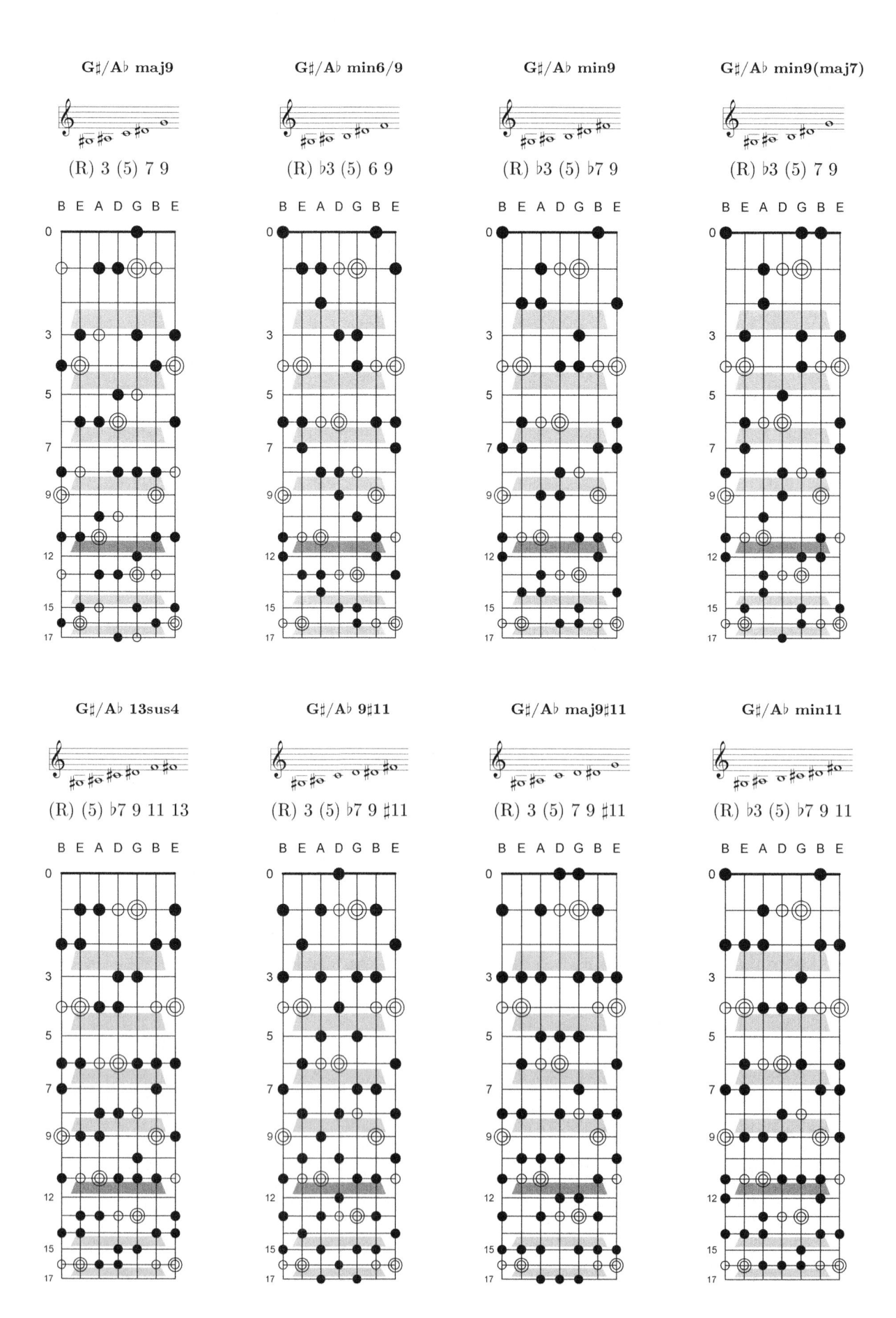

G♯/A♭ min6/9
(R) ♭3 (5) 6 9

G♯/A♭ min9
(R) ♭3 (5) ♭7 9

G♯/A♭ min9(maj7)
(R) ♭3 (5) 7 9

G♯/A♭ 13sus4
(R) (5) ♭7 9 11 13

G♯/A♭ 9♯11
(R) 3 (5) ♭7 9 ♯11

G♯/A♭ maj9♯11
(R) 3 (5) 7 9 ♯11

G♯/A♭ min11
(R) ♭3 (5) ♭7 9 11

G♯/A♭ 13
(R) 3 (5) ♭7 9 11 13

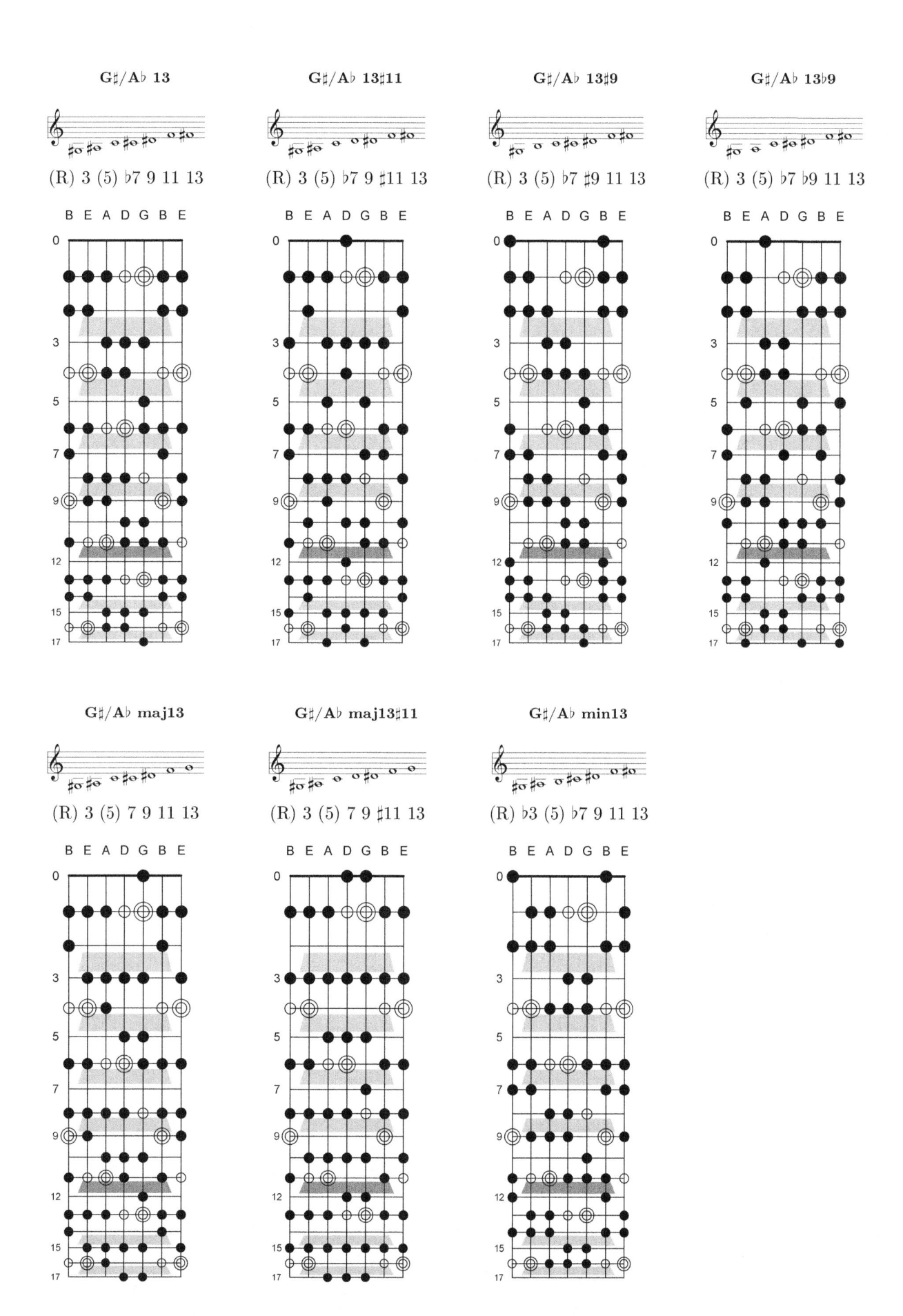

G♯/A♭ 13♯11
(R) 3 (5) ♭7 9 ♯11 13

G♯/A♭ 13♯9
(R) 3 (5) ♭7 ♯9 11 13

G♯/A♭ 13♭9
(R) 3 (5) ♭7 ♭9 11 13

G♯/A♭ maj13
(R) 3 (5) 7 9 11 13

G♯/A♭ maj13♯11
(R) 3 (5) 7 9 ♯11 13

G♯/A♭ min13
(R) ♭3 (5) ♭7 9 11 13

A 5

R 5

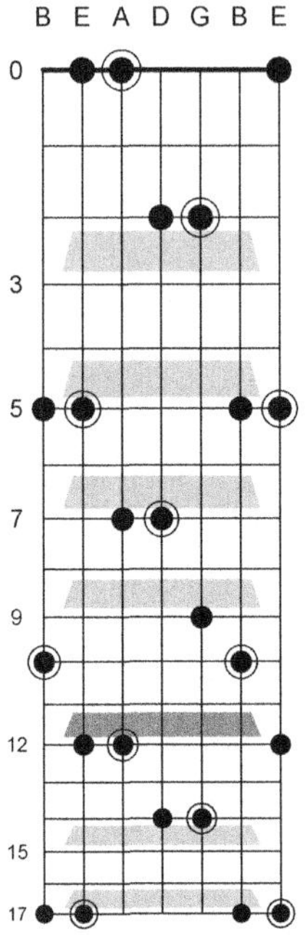

A 5♯11

R 5 ♯11

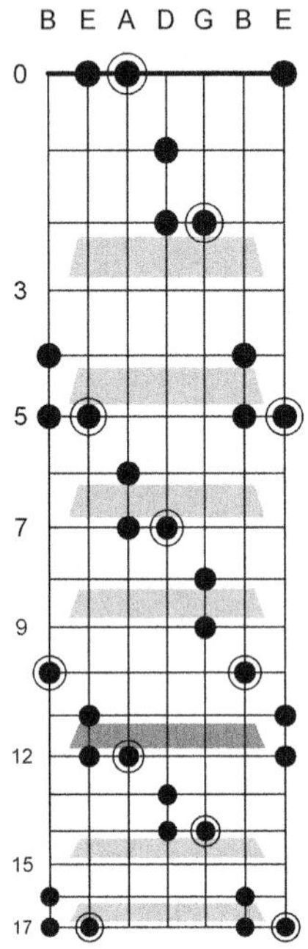

A 7 (no 3)

R 5 ♭7

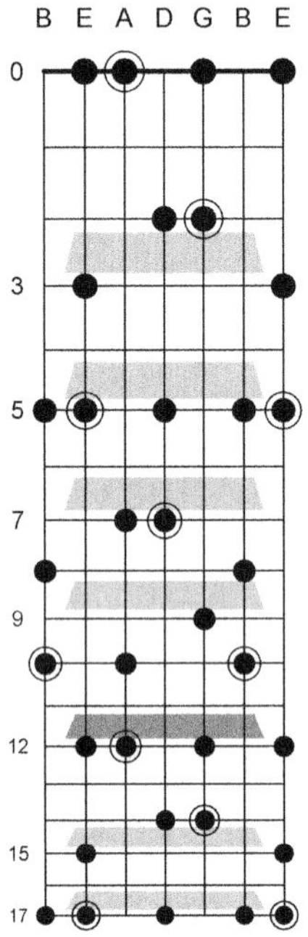

A aug

R 3 ♯5

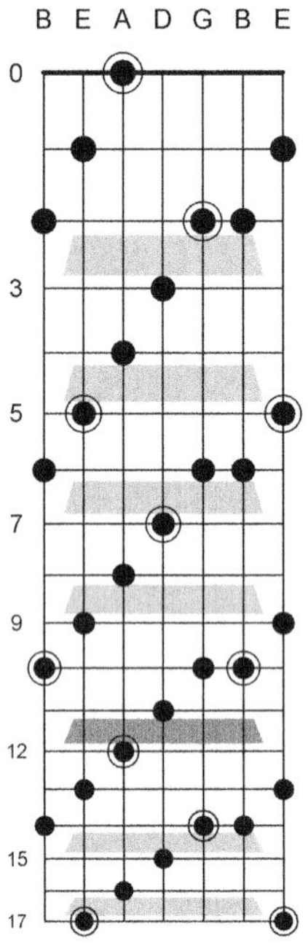

A dim

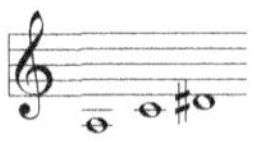

R ♭3 ♭5

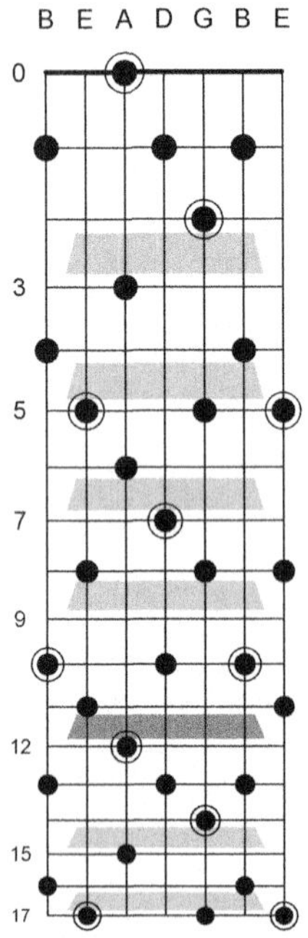

A maj

R 3 5

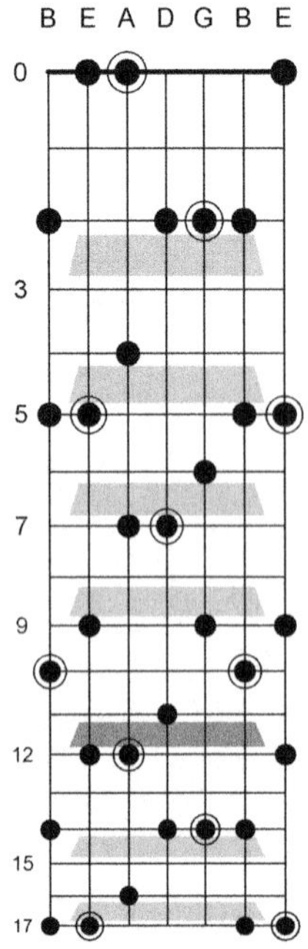

A maj7 (no 3)

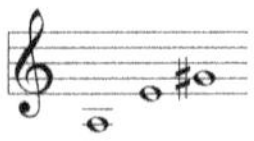

R 5 7

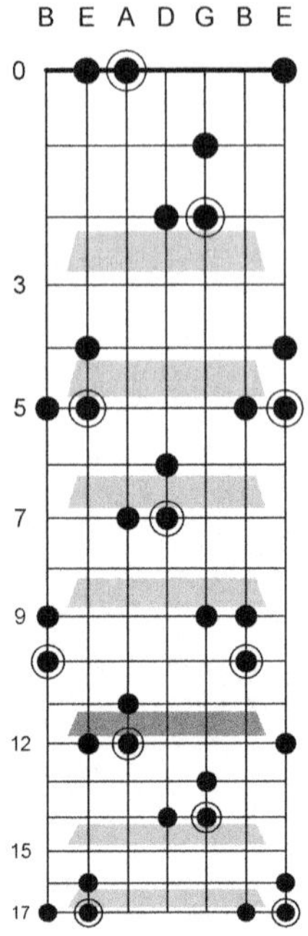

A min

R ♭3 5

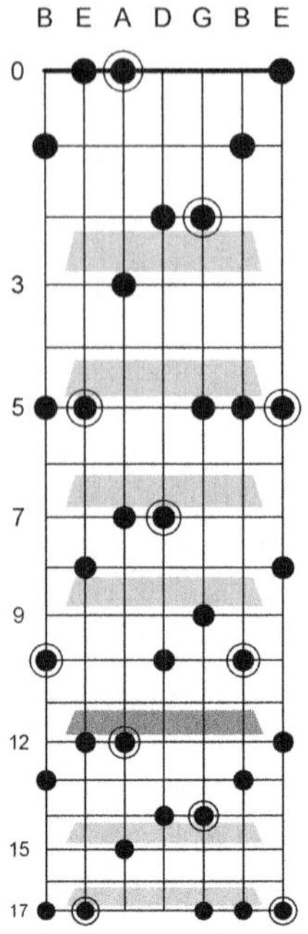

A sus2, A sus4, A 6, A (6/9) (no 3), A 7, A 7♭5, A 7sus2, A 7sus4

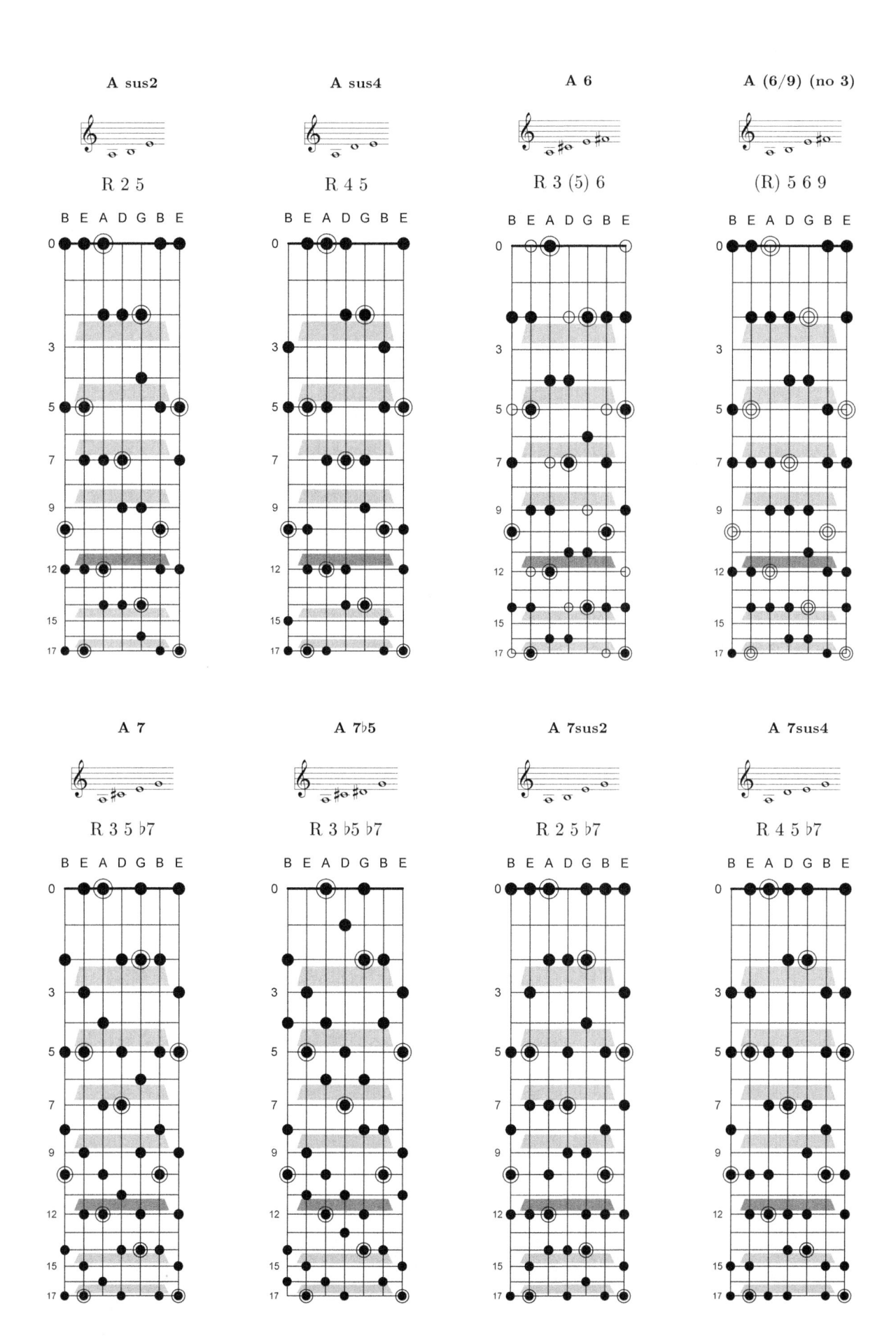

- **A sus2** — R 2 5
- **A sus4** — R 4 5
- **A 6** — R 3 (5) 6
- **A (6/9) (no 3)** — (R) 5 6 9
- **A 7** — R 3 5 ♭7
- **A 7♭5** — R 3 ♭5 ♭7
- **A 7sus2** — R 2 5 ♭7
- **A 7sus4** — R 4 5 ♭7

A add9	A aug7	A dim7	A maj7
(R) 3 5 9	R 3 ♯5 ♭7	R ♭3 ♭5 ♭♭7	R 3 5 7

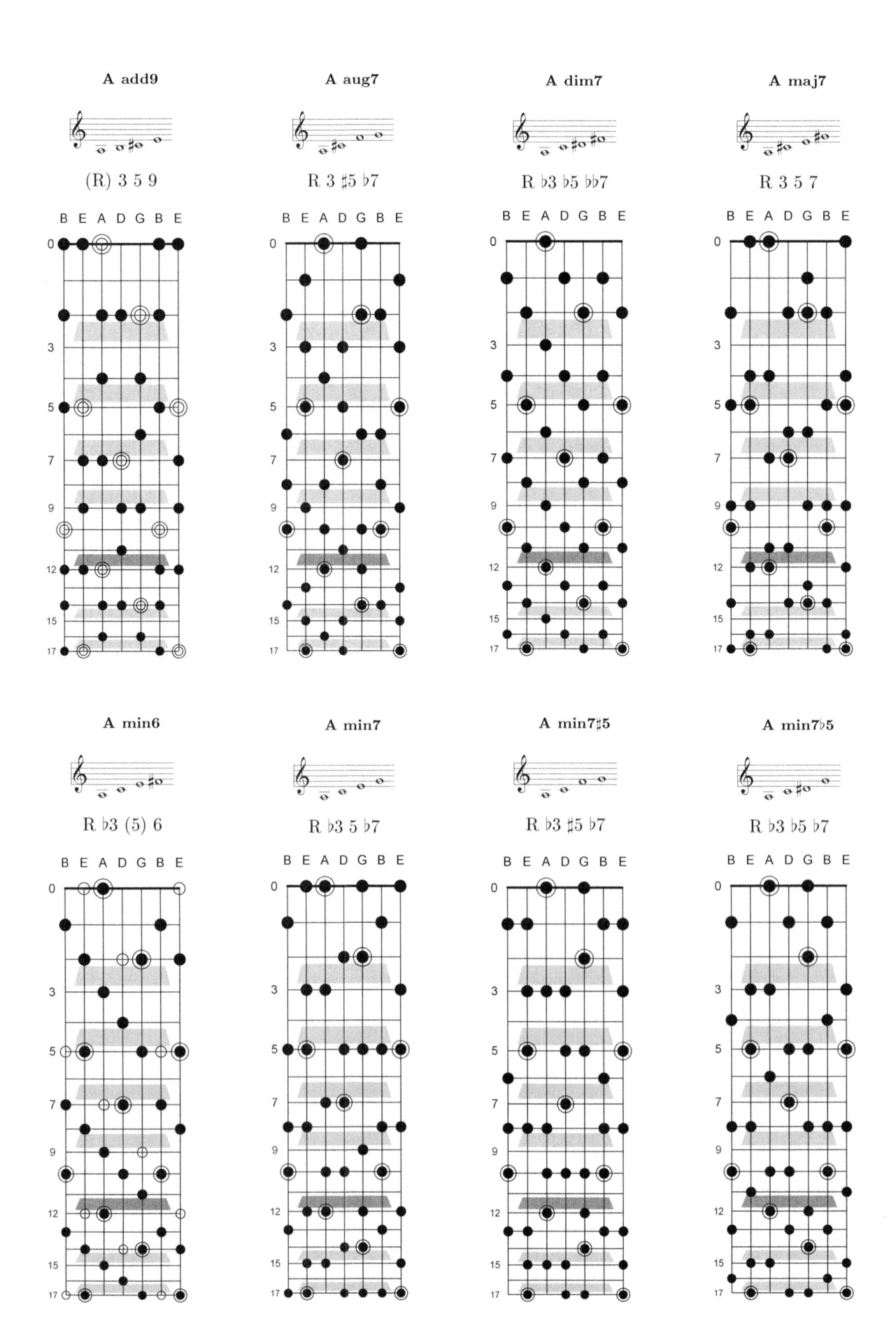

A min6	A min7	A min7♯5	A min7♭5
R ♭3 (5) 6	R ♭3 5 ♭7	R ♭3 ♯5 ♭7	R ♭3 ♭5 ♭7

A min(maj7)

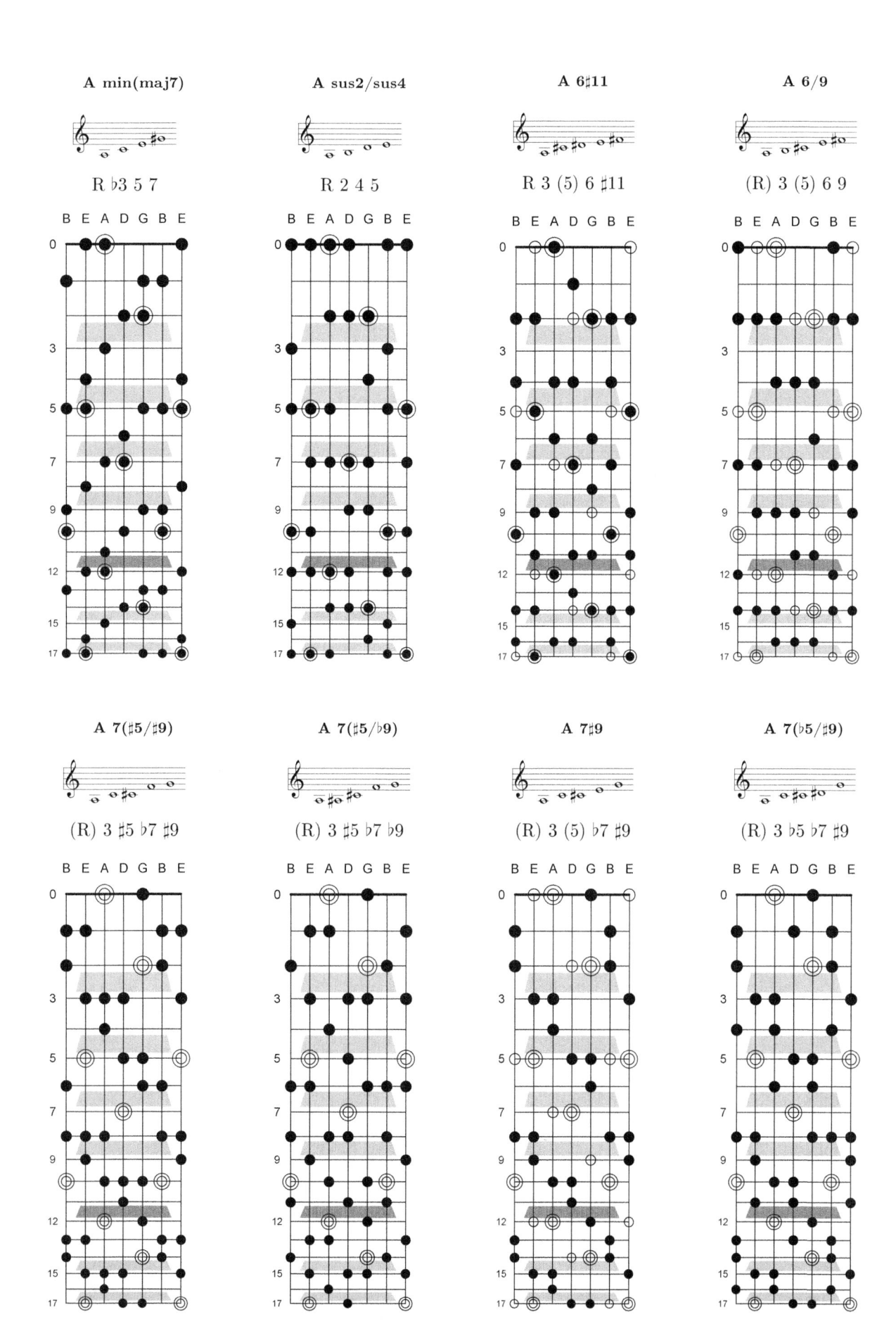

R ♭3 5 7

A sus2/sus4

R 2 4 5

A 6♯11

R 3 (5) 6 ♯11

A 6/9

(R) 3 (5) 6 9

A 7(♯5/♯9)

(R) 3 ♯5 ♭7 ♯9

A 7(♯5/♭9)

(R) 3 ♯5 ♭7 ♭9

A 7♯9

(R) 3 (5) ♭7 ♯9

A 7(♭5/♯9)

(R) 3 ♭5 ♭7 ♯9

A 7(♭5/♭9)

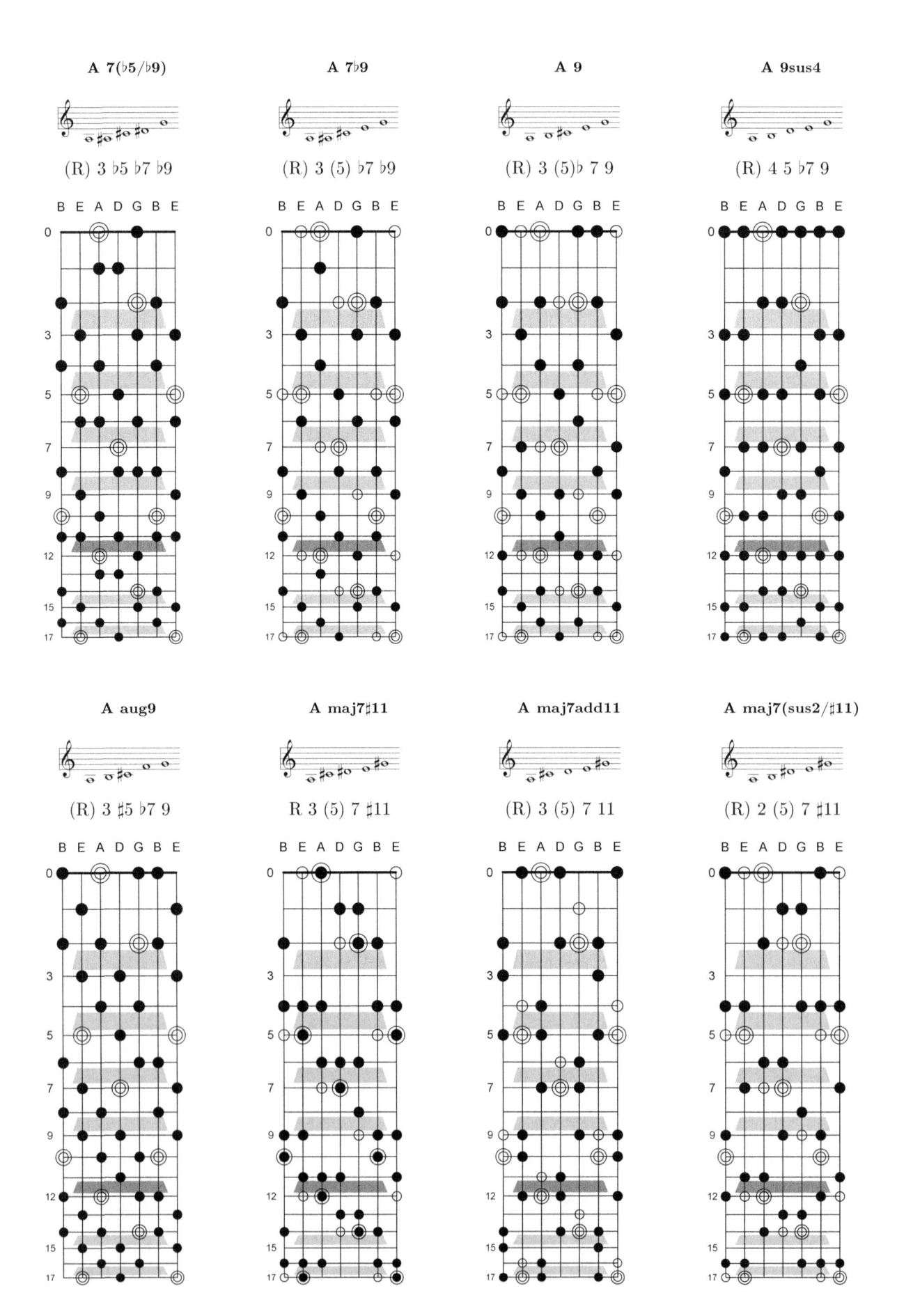

(R) 3 ♭5 ♭7 ♭9

A 7♭9

(R) 3 (5) ♭7 ♭9

A 9

(R) 3 (5) ♭7 9

A 9sus4

(R) 4 5 ♭7 9

A aug9

(R) 3 ♯5 ♭7 9

A maj7♯11

R 3 (5) 7 ♯11

A maj7add11

(R) 3 (5) 7 11

A maj7(sus2/♯11)

(R) 2 (5) 7 ♯11

A maj9
(R) 3 (5) 7 9

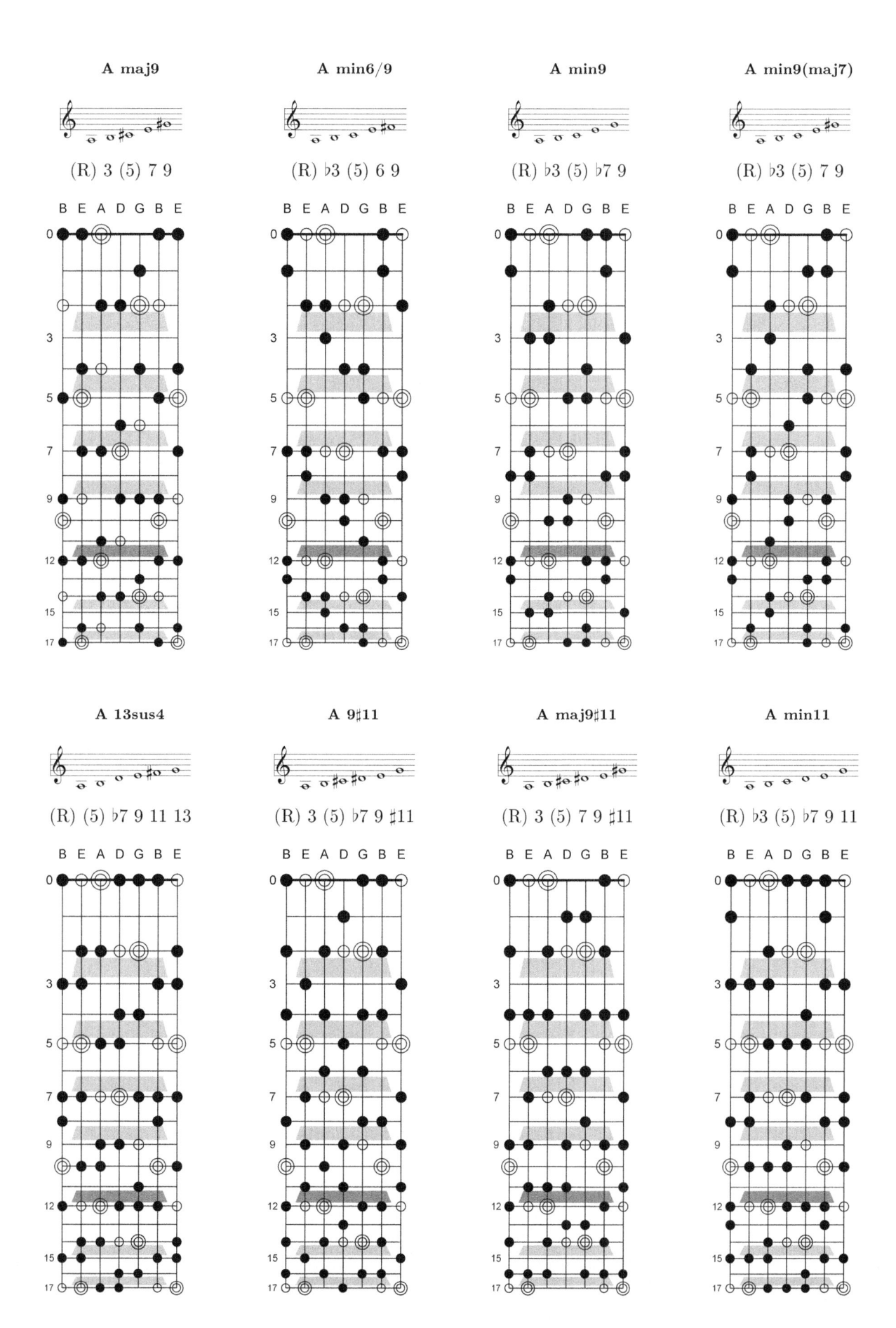

A min6/9
(R) ♭3 (5) 6 9

A min9
(R) ♭3 (5) ♭7 9

A min9(maj7)
(R) ♭3 (5) 7 9

A 13sus4
(R) (5) ♭7 9 11 13

A 9♯11
(R) 3 (5) ♭7 9 ♯11

A maj9♯11
(R) 3 (5) 7 9 ♯11

A min11
(R) ♭3 (5) ♭7 9 11

A 13
(R) 3 (5) ♭7 9 11 13

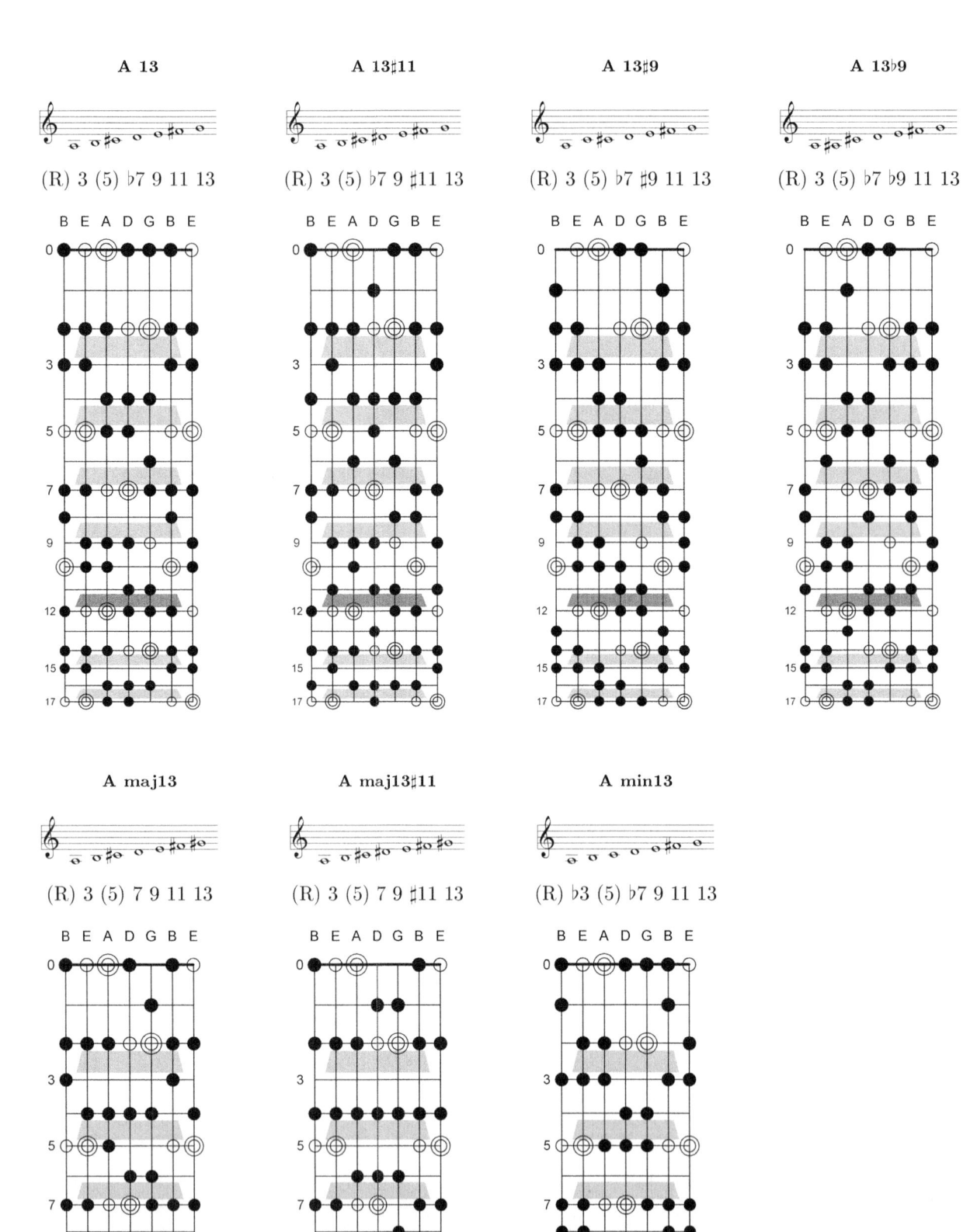

A 13♯11
(R) 3 (5) ♭7 9 ♯11 13

A 13♯9
(R) 3 (5) ♭7 ♯9 11 13

A 13♭9
(R) 3 (5) ♭7 ♭9 11 13

A maj13
(R) 3 (5) 7 9 11 13

A maj13♯11
(R) 3 (5) 7 9 ♯11 13

A min13
(R) ♭3 (5) ♭7 9 11 13

A♯/B♭ 5
R 5

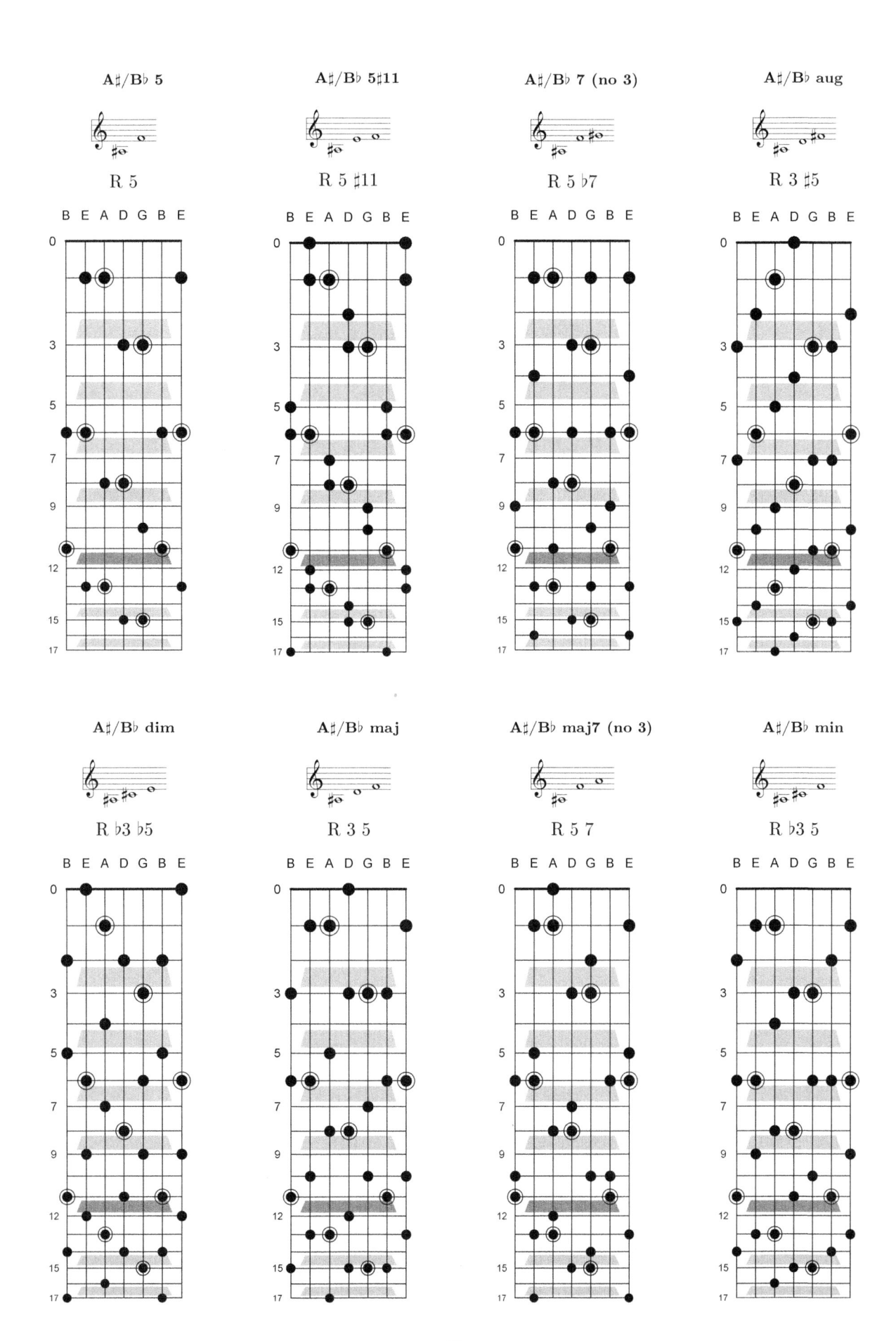

A♯/B♭ 5♯11
R 5 ♯11

A♯/B♭ 7 (no 3)
R 5 ♭7

A♯/B♭ aug
R 3 ♯5

A♯/B♭ dim
R ♭3 ♭5

A♯/B♭ maj
R 3 5

A♯/B♭ maj7 (no 3)
R 5 7

A♯/B♭ min
R ♭3 5

A♯/B♭ sus2
R 2 5

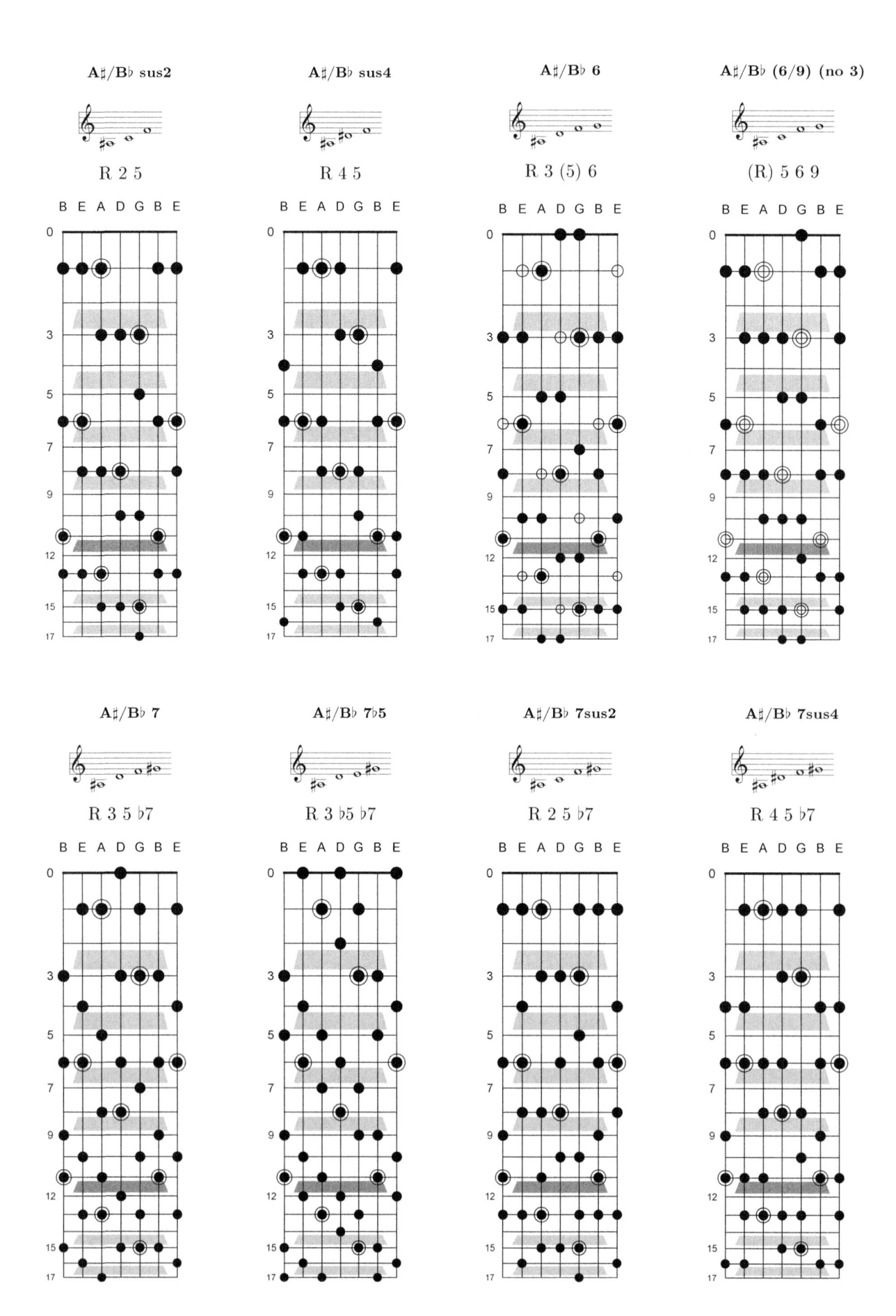

A♯/B♭ sus4
R 4 5

A♯/B♭ 6
R 3 (5) 6

A♯/B♭ (6/9) (no 3)
(R) 5 6 9

A♯/B♭ 7
R 3 5 ♭7

A♯/B♭ 7♭5
R 3 ♭5 ♭7

A♯/B♭ 7sus2
R 2 5 ♭7

A♯/B♭ 7sus4
R 4 5 ♭7

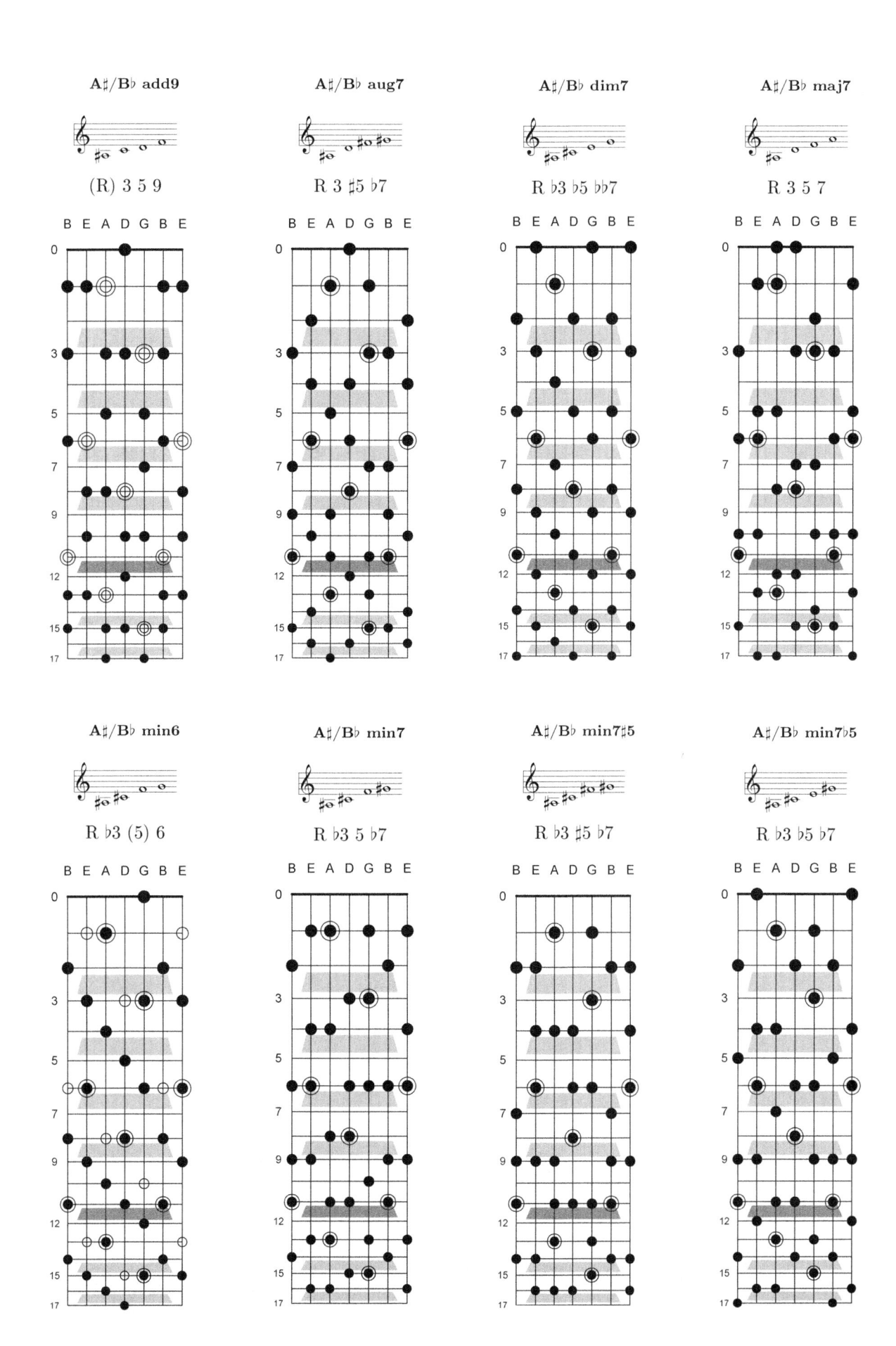

A♯/B♭ add9	A♯/B♭ aug7	A♯/B♭ dim7	A♯/B♭ maj7
(R) 3 5 9	R 3 ♯5 ♭7	R ♭3 ♭5 ♭♭7	R 3 5 7

A♯/B♭ min6	A♯/B♭ min7	A♯/B♭ min7♯5	A♯/B♭ min7♭5
R ♭3 (5) 6	R ♭3 5 ♭7	R ♭3 ♯5 ♭7	R ♭3 ♭5 ♭7

A♯/B♭ min(maj7)
R ♭3 5 7

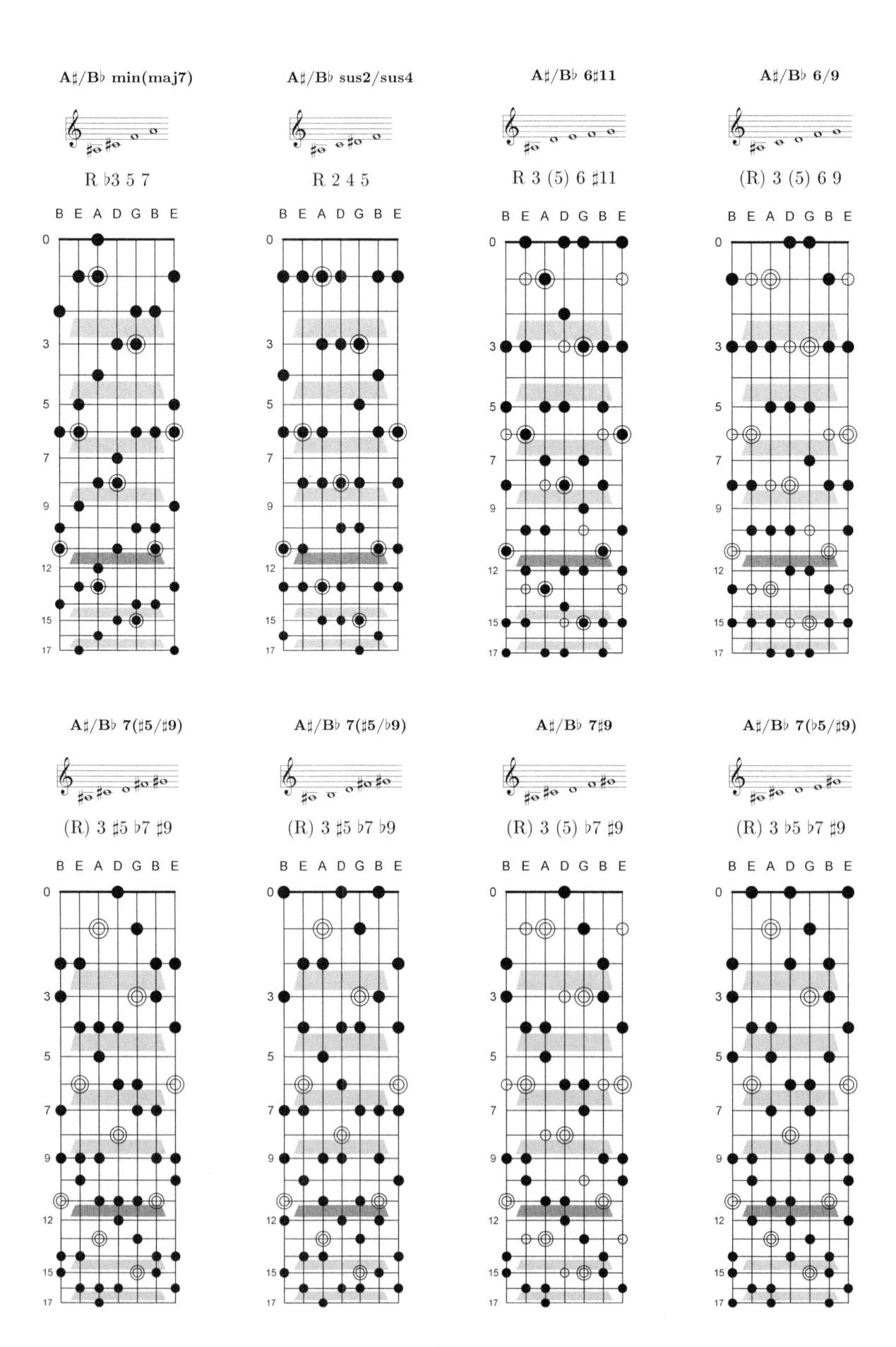

A♯/B♭ sus2/sus4
R 2 4 5

A♯/B♭ 6♯11
R 3 (5) 6 ♯11

A♯/B♭ 6/9
(R) 3 (5) 6 9

A♯/B♭ 7(♯5/♯9)
(R) 3 ♯5 ♭7 ♯9

A♯/B♭ 7(♯5/♭9)
(R) 3 ♯5 ♭7 ♭9

A♯/B♭ 7♯9
(R) 3 (5) ♭7 ♯9

A♯/B♭ 7(♭5/♯9)
(R) 3 ♭5 ♭7 ♯9

A♯/B♭ 7(♭5/♭9)
(R) 3 ♭5 ♭7 ♭9

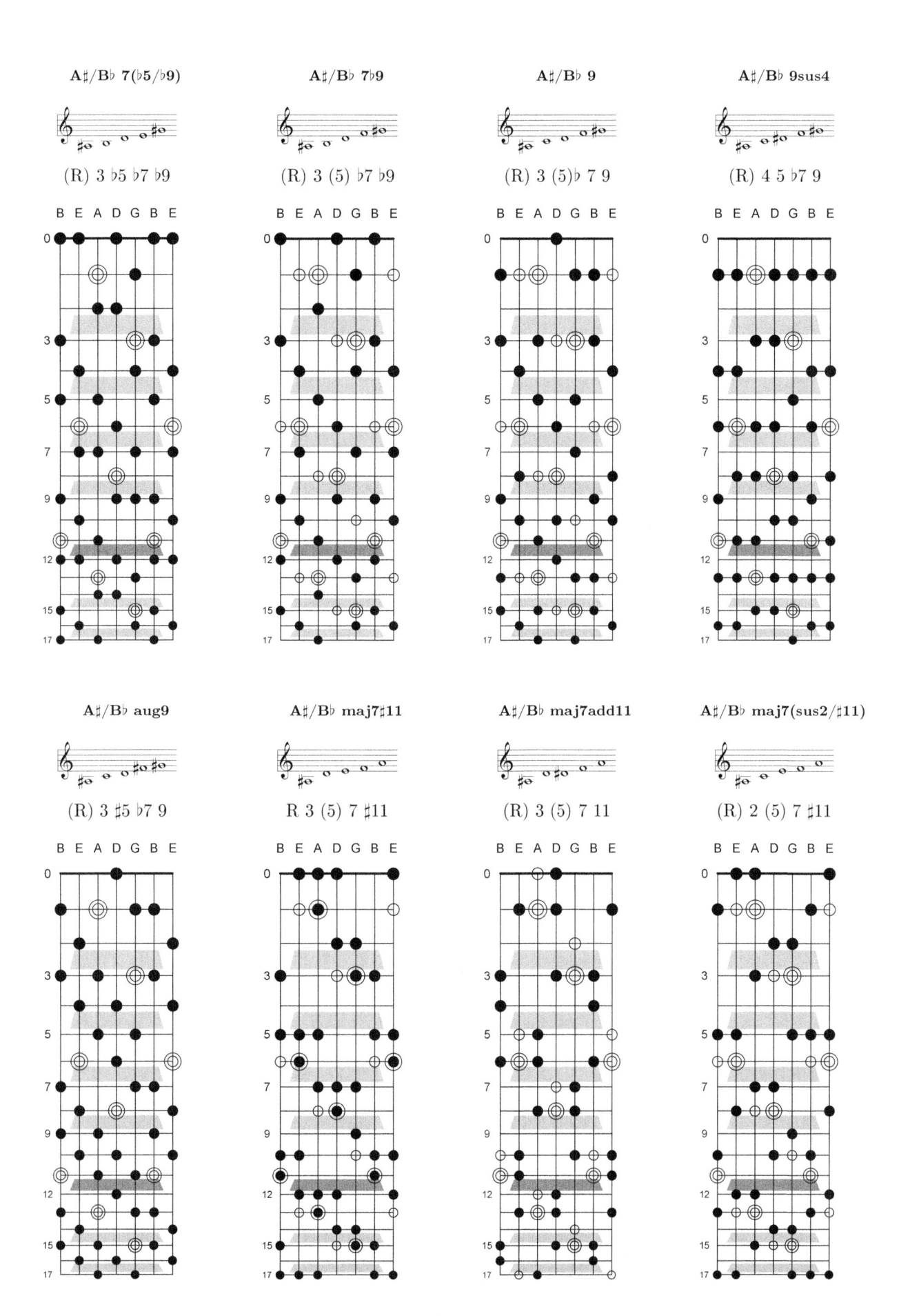

A♯/B♭ 7♭9
(R) 3 (5) ♭7 ♭9

A♯/B♭ 9
(R) 3 (5) ♭7 9

A♯/B♭ 9sus4
(R) 4 5 ♭7 9

A♯/B♭ aug9
(R) 3 ♯5 ♭7 9

A♯/B♭ maj7♯11
R 3 (5) 7 ♯11

A♯/B♭ maj7add11
(R) 3 (5) 7 11

A♯/B♭ maj7(sus2/♯11)
(R) 2 (5) 7 ♯11

A♯/B♭ maj9
(R) 3 (5) 7 9

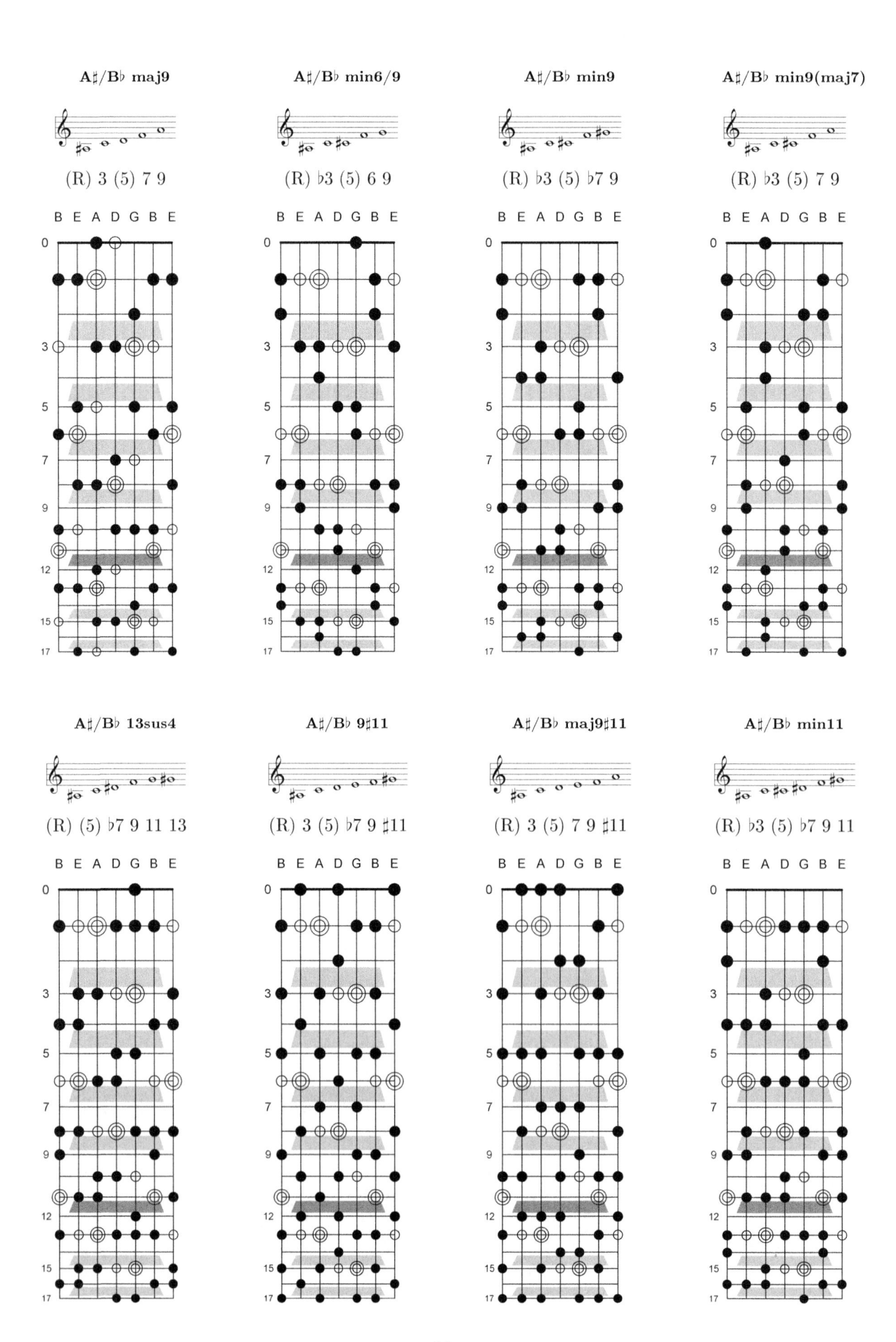

A♯/B♭ min6/9
(R) ♭3 (5) 6 9

A♯/B♭ min9
(R) ♭3 (5) ♭7 9

A♯/B♭ min9(maj7)
(R) ♭3 (5) 7 9

A♯/B♭ 13sus4
(R) (5) ♭7 9 11 13

A♯/B♭ 9♯11
(R) 3 (5) ♭7 9 ♯11

A♯/B♭ maj9♯11
(R) 3 (5) 7 9 ♯11

A♯/B♭ min11
(R) ♭3 (5) ♭7 9 11

A♯/B♭ 13
(R) 3 (5) ♭7 9 11 13

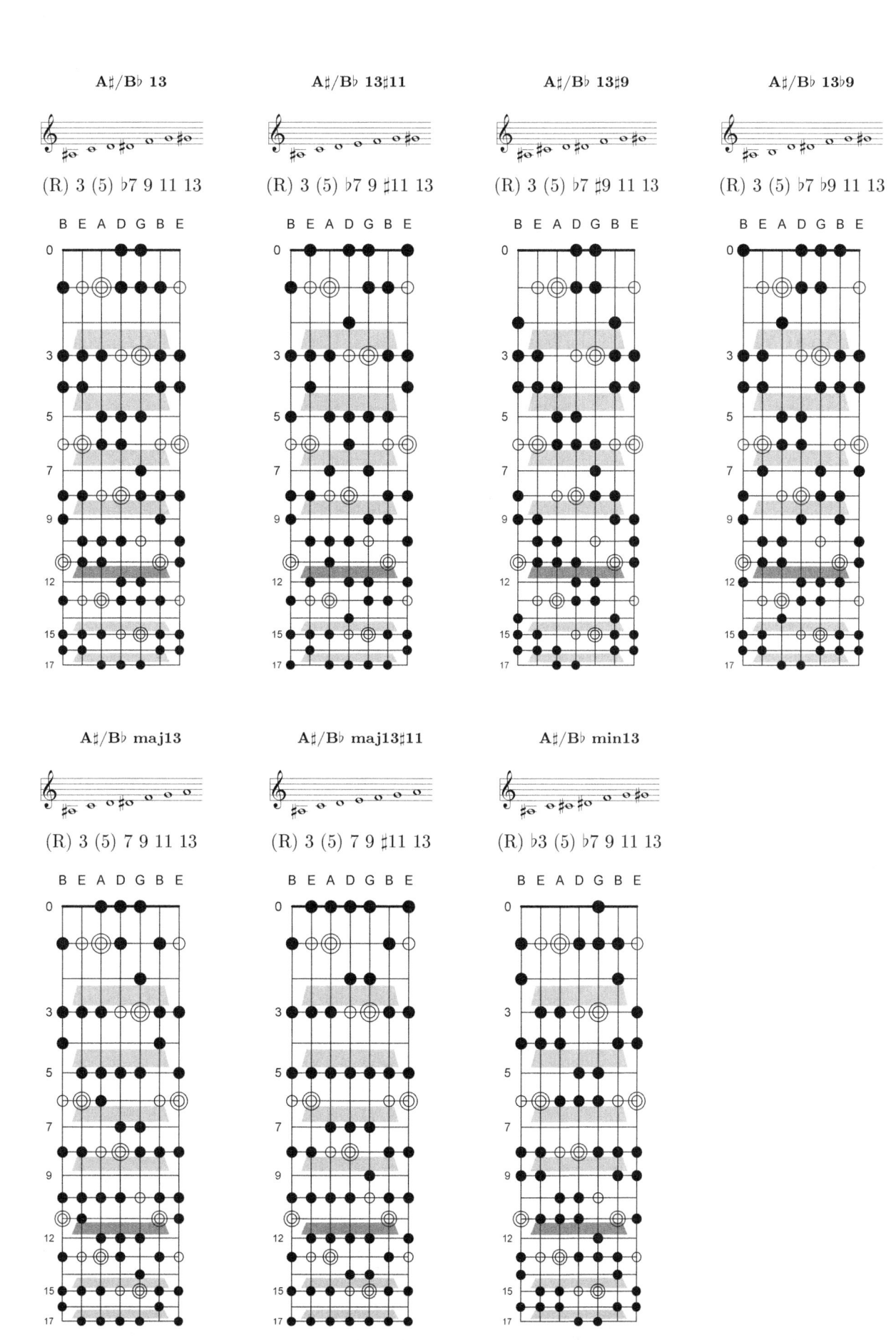

A♯/B♭ 13♯11
(R) 3 (5) ♭7 9 ♯11 13

A♯/B♭ 13♯9
(R) 3 (5) ♭7 ♯9 11 13

A♯/B♭ 13♭9
(R) 3 (5) ♭7 ♭9 11 13

A♯/B♭ maj13
(R) 3 (5) 7 9 11 13

A♯/B♭ maj13♯11
(R) 3 (5) 7 9 ♯11 13

A♯/B♭ min13
(R) ♭3 (5) ♭7 9 11 13

B chord voicings

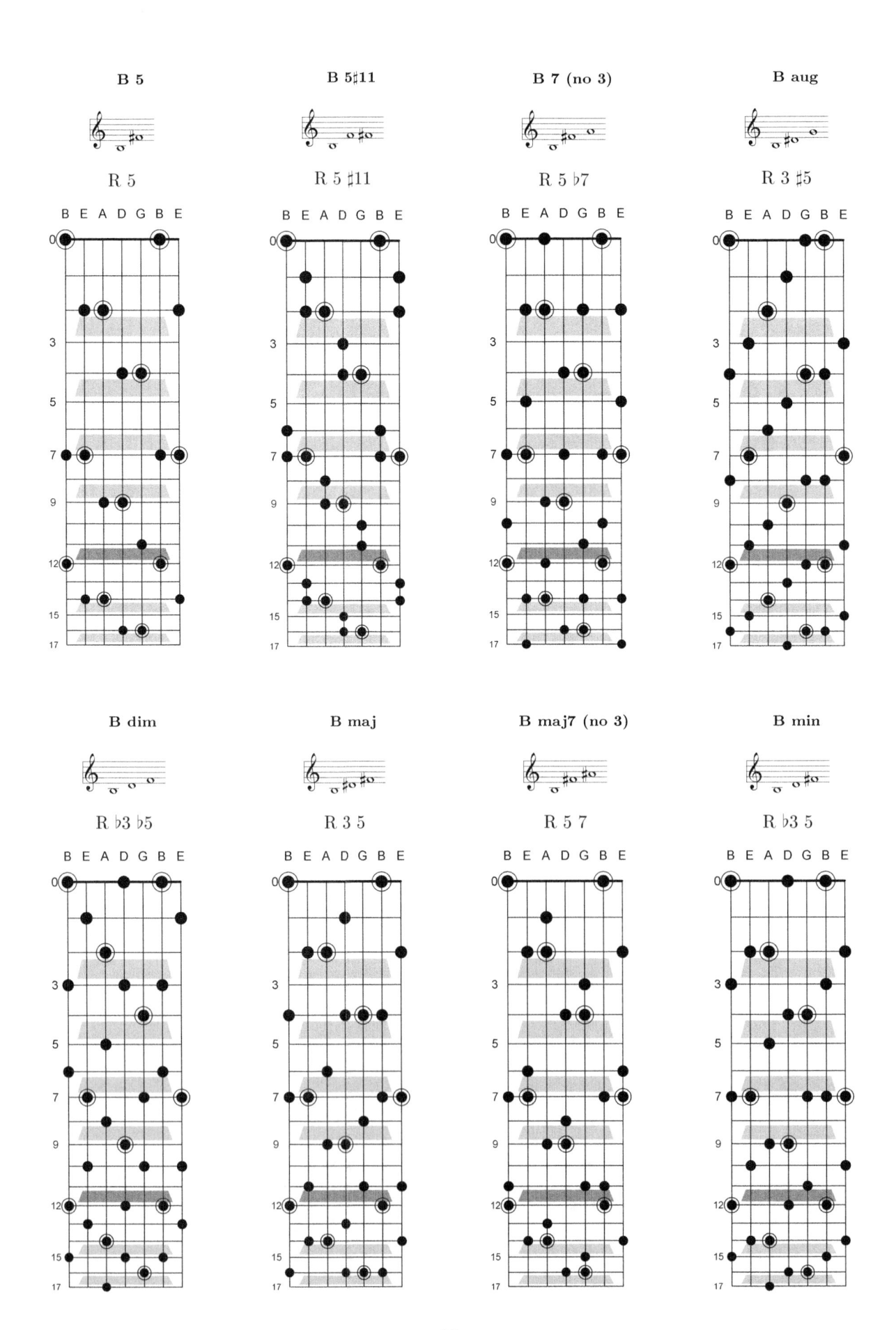

B 5	B 5♯11	B 7 (no 3)	B aug
R 5	R 5 ♯11	R 5 ♭7	R 3 ♯5

B dim	B maj	B maj7 (no 3)	B min
R ♭3 ♭5	R 3 5	R 5 7	R ♭3 5

B sus2

R 2 5

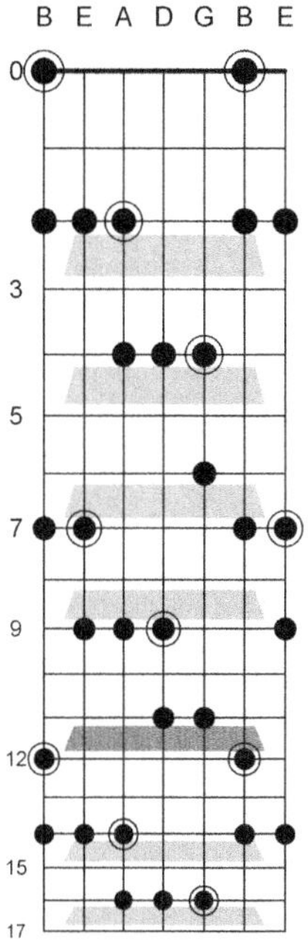

B sus4

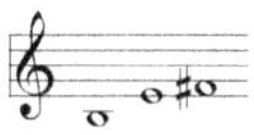

R 4 5

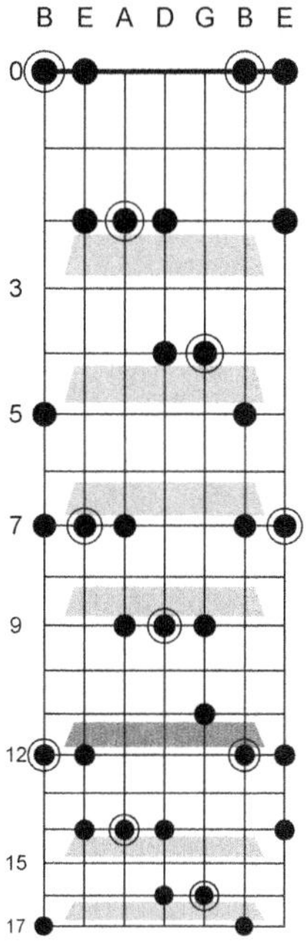

B 6

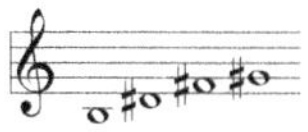

R 3 (5) 6

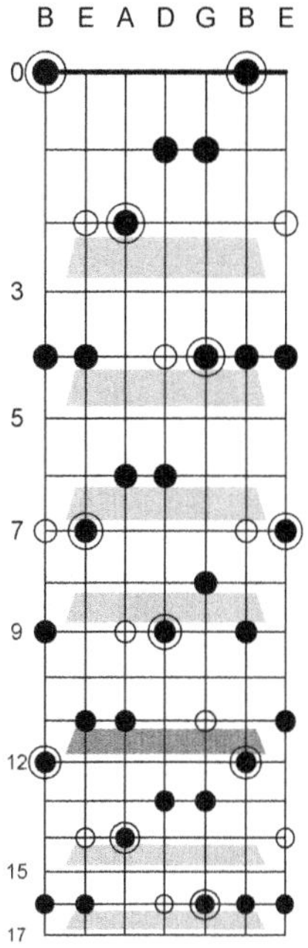

B (6/9) (no 3)

(R) 5 6 9

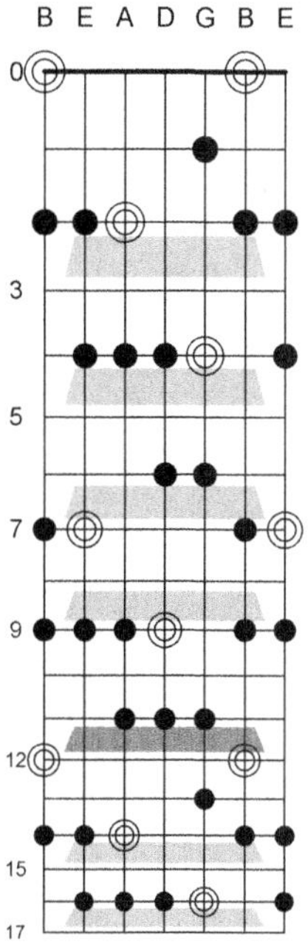

B 7

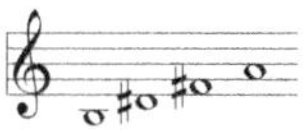

R 3 5 ♭7

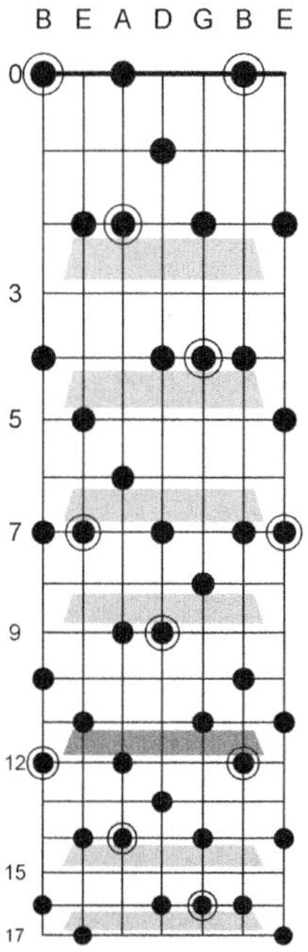

B 7♭5

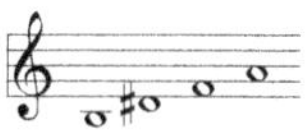

R 3 ♭5 ♭7

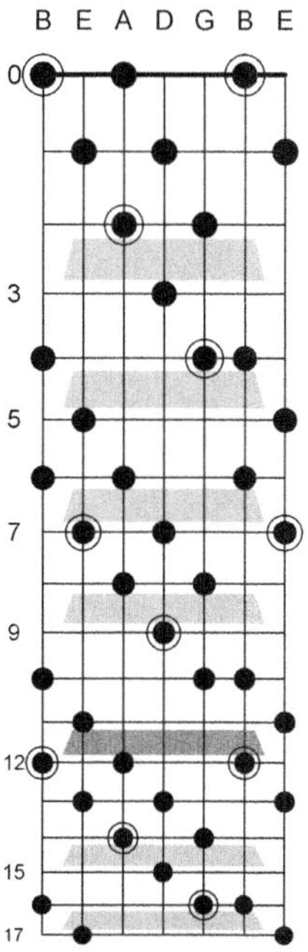

B 7sus2

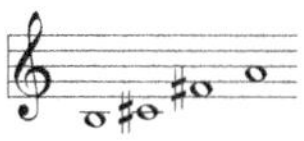

R 2 5 ♭7

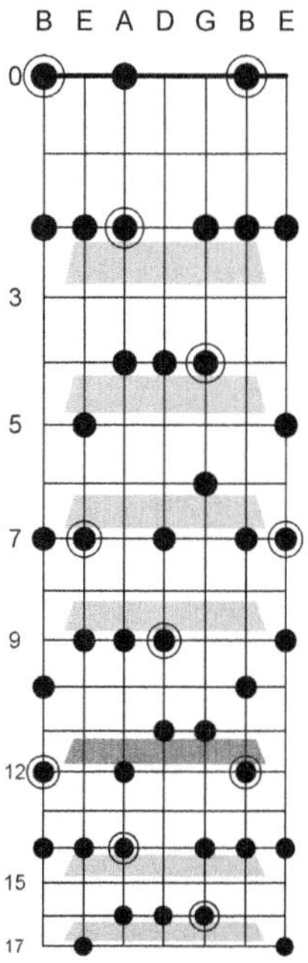

B 7sus4

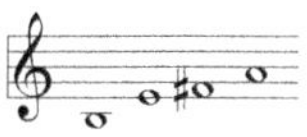

R 4 5 ♭7

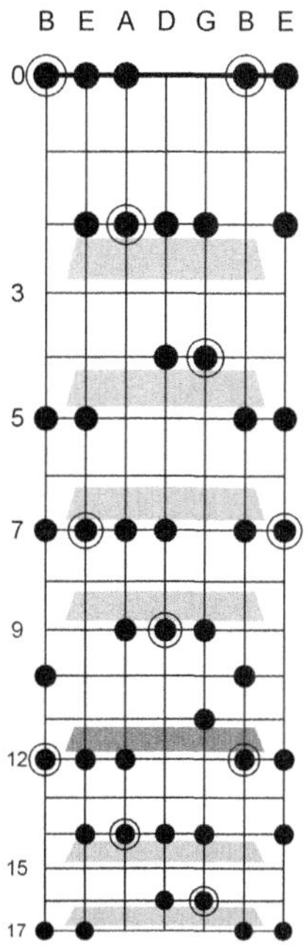

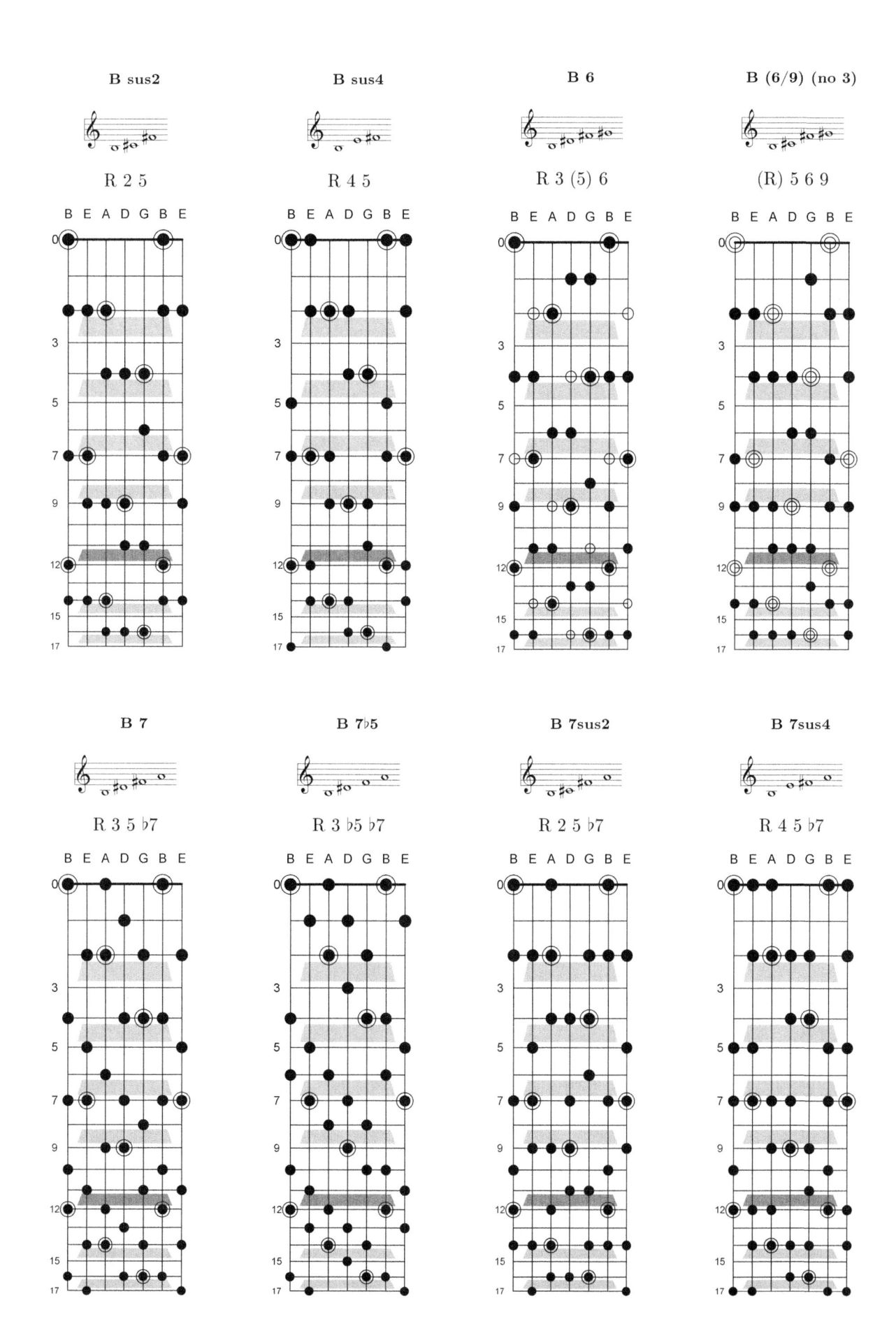

B add9	B aug7	B dim7	B maj7
(R) 3 5 9	R 3 ♯5 ♭7	R ♭3 ♭5 ♭♭7	R 3 5 7

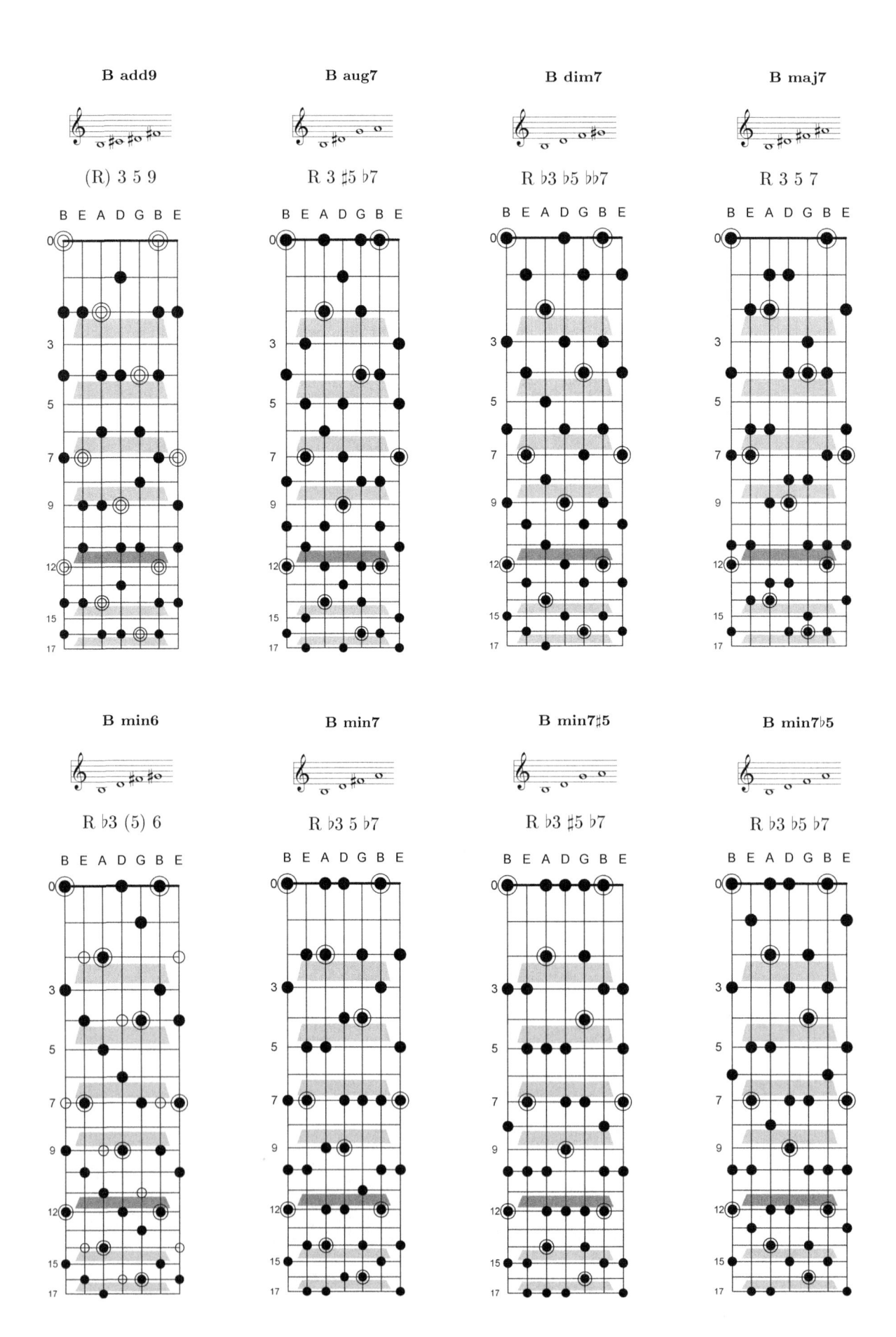

B min6	B min7	B min7♯5	B min7♭5
R ♭3 (5) 6	R ♭3 5 ♭7	R ♭3 ♯5 ♭7	R ♭3 ♭5 ♭7

B min(maj7)

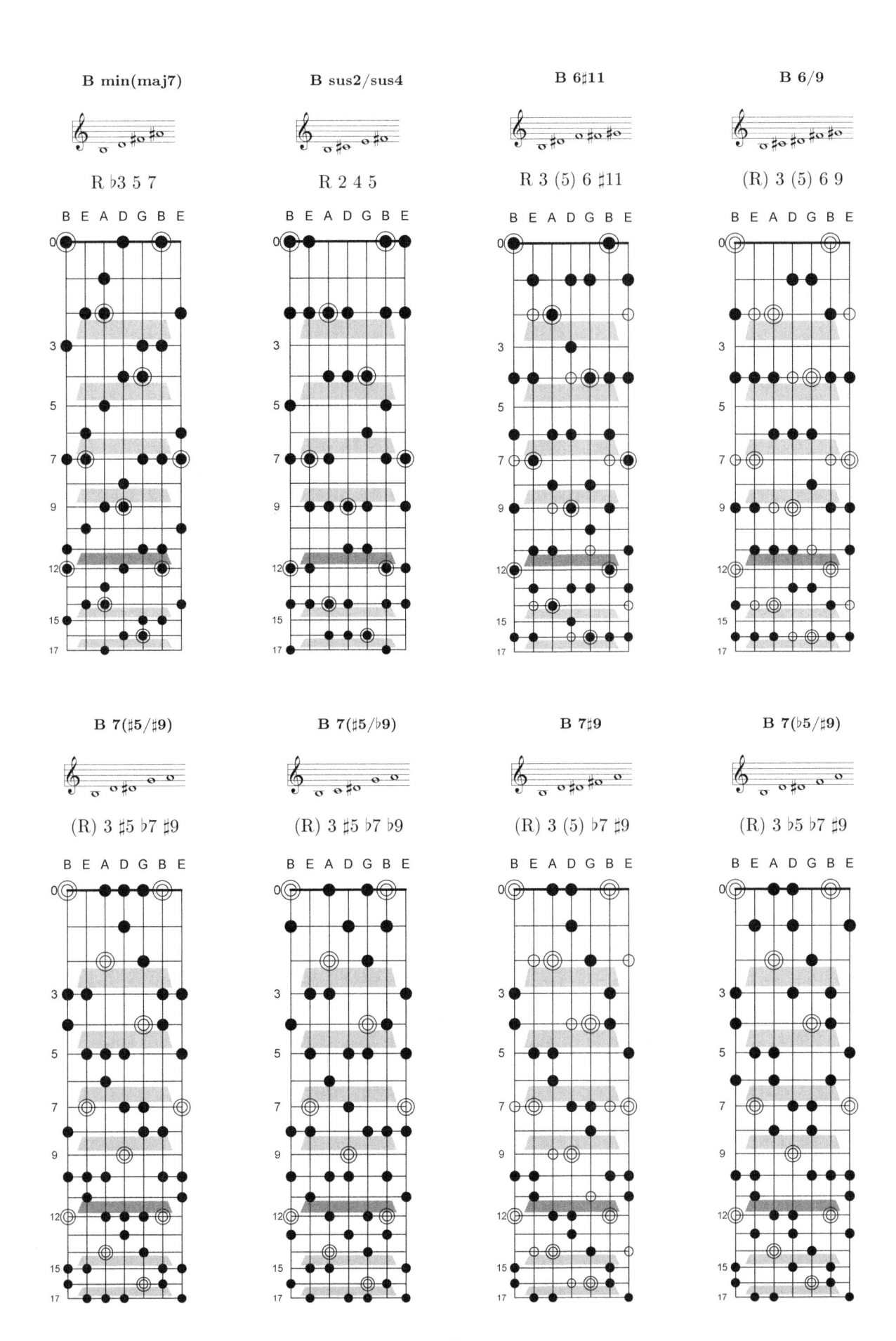

R ♭3 5 7

B sus2/sus4

R 2 4 5

B 6♯11

R 3 (5) 6 ♯11

B 6/9

(R) 3 (5) 6 9

B 7(♯5/♯9)

(R) 3 ♯5 ♭7 ♯9

B 7(♯5/♭9)

(R) 3 ♯5 ♭7 ♭9

B 7♯9

(R) 3 (5) ♭7 ♯9

B 7(♭5/♯9)

(R) 3 ♭5 ♭7 ♯9

B 7(♭5/♭9)
(R) 3 ♭5 ♭7 ♭9

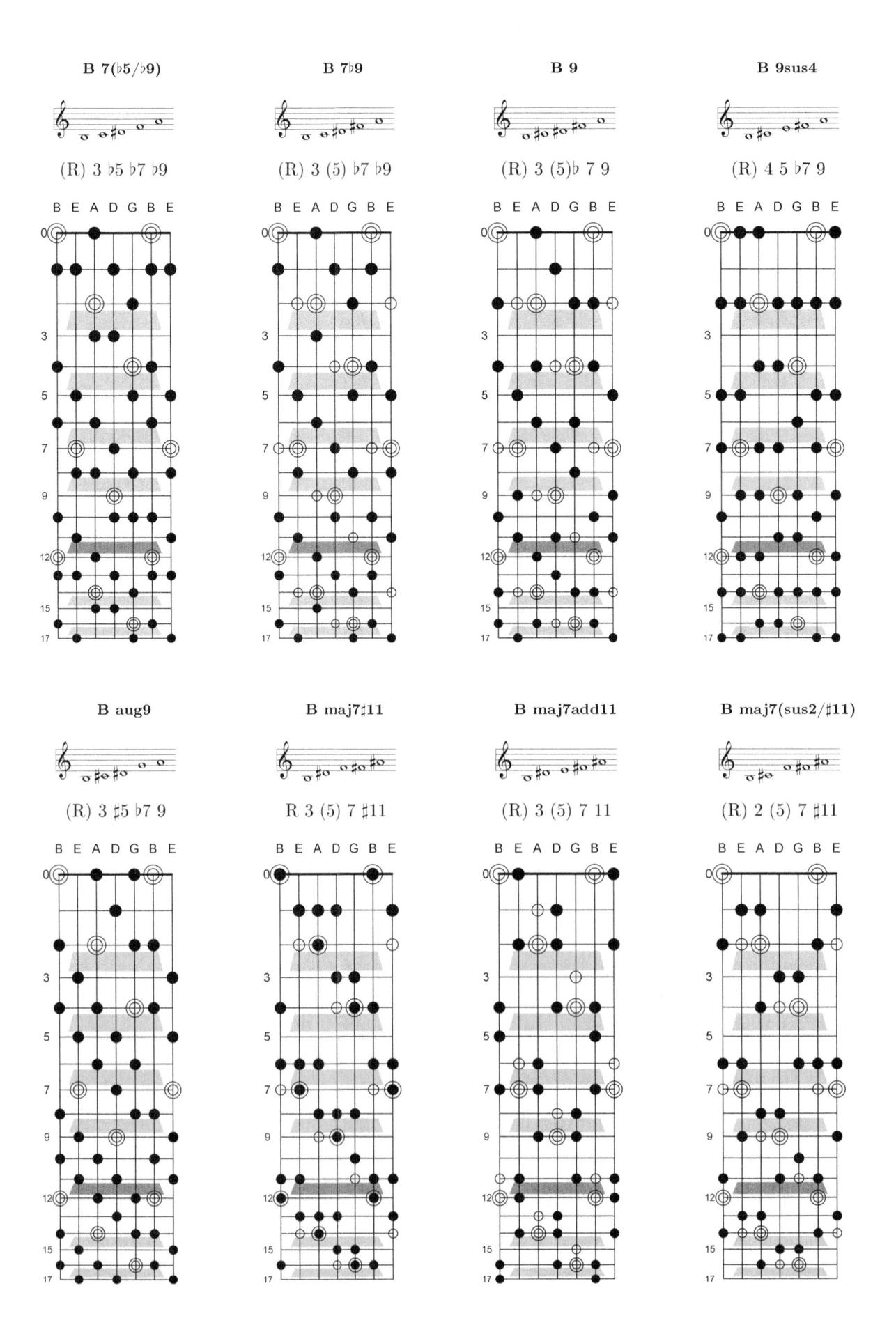

B 7♭9
(R) 3 (5) ♭7 ♭9

B 9
(R) 3 (5) ♭7 9

B 9sus4
(R) 4 5 ♭7 9

B aug9
(R) 3 ♯5 ♭7 9

B maj7♯11
R 3 (5) 7 ♯11

B maj7add11
(R) 3 (5) 7 11

B maj7(sus2/♯11)
(R) 2 (5) 7 ♯11

B maj9
(R) 3 (5) 7 9

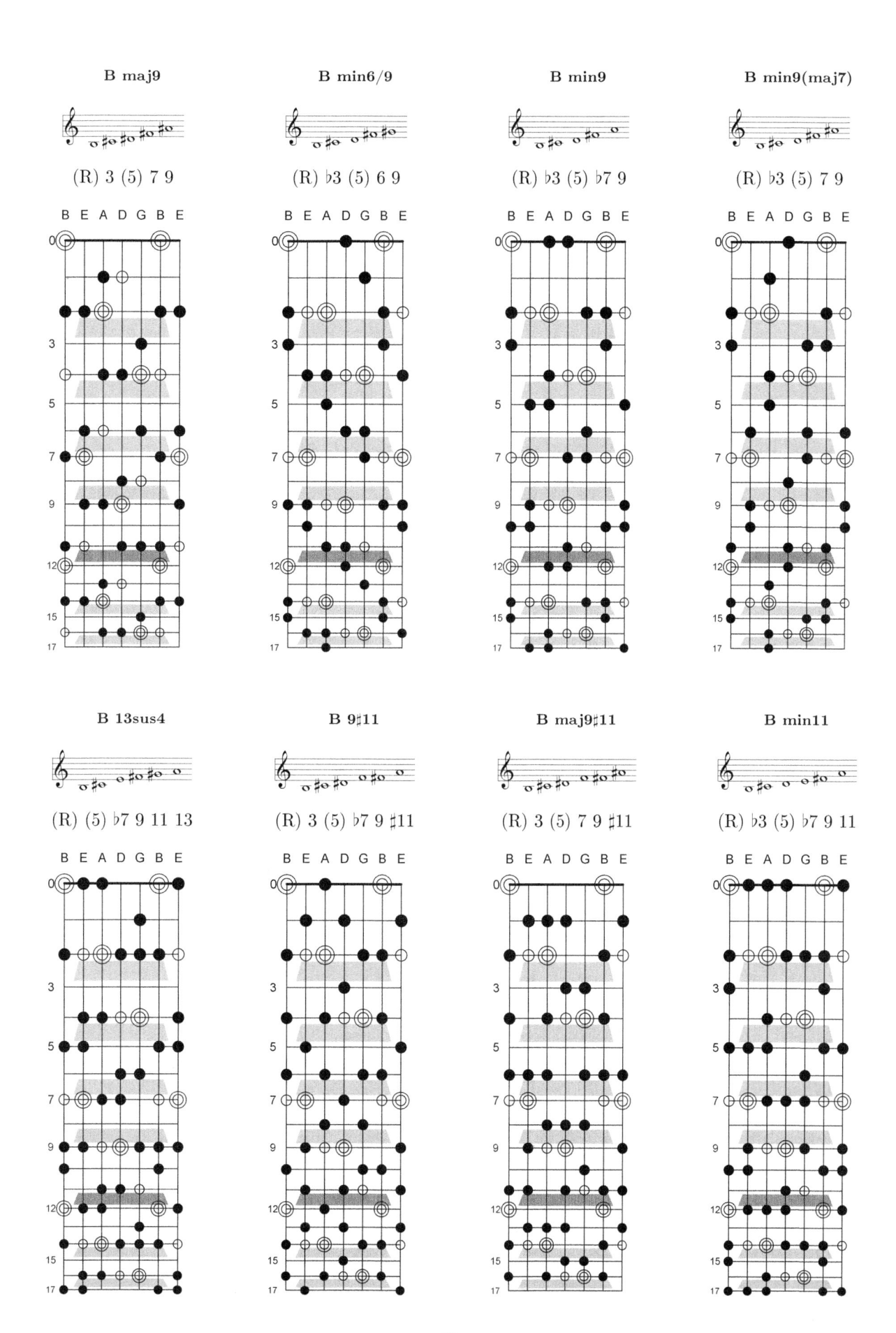

B min6/9
(R) ♭3 (5) 6 9

B min9
(R) ♭3 (5) ♭7 9

B min9(maj7)
(R) ♭3 (5) 7 9

B 13sus4
(R) (5) ♭7 9 11 13

B 9♯11
(R) 3 (5) ♭7 9 ♯11

B maj9♯11
(R) 3 (5) 7 9 ♯11

B min11
(R) ♭3 (5) ♭7 9 11

B 13
(R) 3 (5) ♭7 9 11 13

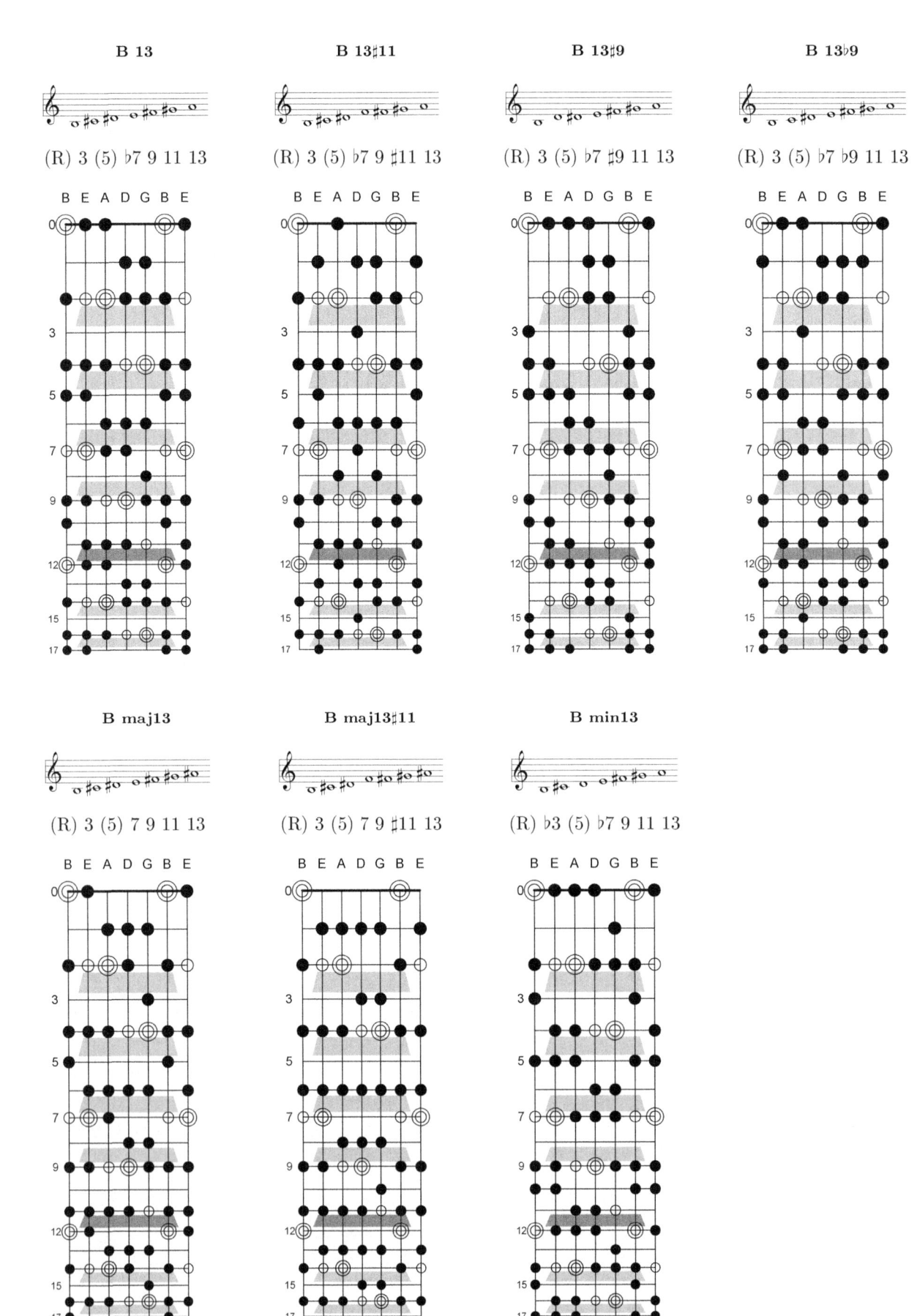

B 13♯11
(R) 3 (5) ♭7 9 ♯11 13

B 13♯9
(R) 3 (5) ♭7 ♯9 11 13

B 13♭9
(R) 3 (5) ♭7 ♭9 11 13

B maj13
(R) 3 (5) 7 9 11 13

B maj13♯11
(R) 3 (5) 7 9 ♯11 13

B min13
(R) ♭3 (5) ♭7 9 11 13

Printed in Great Britain
by Amazon